노래할 땐 너무 많은 것은 필요치 않다.

그렇다면 이미 뭔가가 잘못되어가고 있는 것이다.

신경이 폐색되거나 근육이 긴장되면 음이 자유롭게 펴지지 않는다.

느슨함, 자연스러움, 자유롭게 움직이는 긴장과 이완,

그것이 바로 단순하면서도 복잡한 가창 기법의 전제조건이다.

-마리아 슈타더(Maria Stader)

능동적 아웃풋

능동적 아웃풋

초판 1쇄 발행 2024년 7월 30일

지은이 촉촉한마케터(조한솔)

기획편집 류정화, 도은주
마케팅 이수정

펴낸이 윤주용
펴낸곳 초록비공방

출판등록 제2013-000130
주소 서울시 마포구 동교로27길 53 308호
전화 0505-566-5522 팩스 02-6008-1777

메일 greenrainbooks@naver.com
인스타 @greenrainbooks @greenrain_1318
블로그 http://blog.naver.com/greenrainbooks

ISBN 979-11-93296-53-0 (03190)

어려운 것은 쉽게 쉬운 것은 깊게 깊은 것은 유쾌하게

초록비책공방은 여러분의 소중한 의견을 기다리고 있습니다.
원고 투고, 오탈자 제보, 제휴 제안은 greenrainbooks@naver.com으로 보내주세요.

촉촉한마케터 지음

능동적 아웃풋

막연한 기대를
현실로 풀어내는
사고 모드

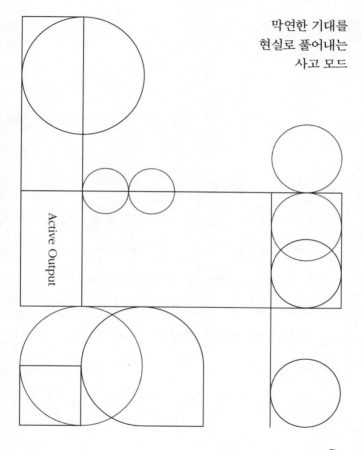

Active Output

초록비책공방

시작하며

과외 수업을 꽤 많이 해본 편입니다. 중학생, 고등학
생, N수생까지 다양하게 만나보면서 자연스레 그 친구
들을 관찰하게 되었습니다. 관찰이라고 표현했지만 사
실 '어느새 눈에 보였다'라는 표현이 더 맞을지 모르겠습
니다. 무엇이 보였냐면 바로 학생 저마다의 '저항감' 차
이입니다.

'저항감'

이 개념을 책 전반에 걸쳐서 이야기할 겁니다. 일단

지금은 상황 예시 하나만 꺼내올게요.

어떤 학생은 수학 문제를 봤을 때 풀이 공식이 떠오르지 않거나 접근 순서(어떠한 값부터 구해야 하는지 등)가 그려지지 않으면 당황하기 시작합니다. '나는 왜, 열심히 공부해도 문제를 풀지 못하는 걸까'라는 자책은 덤입니다. 이 친구는 '문제에 대한 통제권을 잃어버린 느낌'에 필요 이상으로 민감하게 반응하고 있는 것이지요.

또 어떤 학생은 본인이 속한 과외 그룹 내에서 자신이 제일 공부를 잘하는 학생이어야 집중할 수 있습니다. 격차를 더 벌리고 싶다는 욕심이 올라오고요. 반대로 본인보다 공부를 잘하는 학생들과 한 그룹으로 묶이면 도망치려 합니다. 본인이 가장 주목받을 수 있는 집단으로요.

저항감의 예시 두 가지를 들었지만, 실제로는 셀 수 없이 많은 저항 지점이 존재합니다. 저는 이것에 집중했어요. 다양한 저항 지점 그리고 이 저항의 순간에 신체적으로 정신적으로 어떠한 일이 벌어지는지를요. 왜 이 분야에 집착했냐면 저 또한 저항감으로 고생을 많이 했기 때문입니다. 그래서 학생들을 가르치면서도 이 점이 눈에 밟혔나 봅니다.

이를 계기로 저는 학습에 대한 저항감만을 다루는 과외를 했던 경험이 있습니다. 요즘도 가끔 연락이 옵니다.

"우리 아이가 집에서 모의고사를 풀면 만점에 가까운 점수가 나오는데, 수능 시험만 보면 긴장해서 실수를 많이 해요. 벌써 세 번째 그래요."

뭐 이런 내용입니다. 그러면 저는 "학습 저항감을 한번 분석해 볼까요?"라는 말을 꺼내곤 하지요. 오해는 하지 마세요. 저는 이와 관련한 라이선스나 의학적인 지식이 있는 사람이 아닙니다. 그저 저항감에 많이 시달려 온 '선배'로서 코칭하는 수준이었습니다. 그럼에도 인기가 많았어요. 그 이유가 무엇이었을까요?

제 얕은 추측으로는 '의지력'만 강조하지 않았기 때문이라고 봅니다. 어색한 두 사람을 강제로 대화하라고 하면 더 어색해지는 것처럼, 브로콜리 먹는 걸 힘들어

하는 아이에게 억지로 브로콜리를 먹이는 것이 학대인 것처럼요. 문제를 보자마자 머리가 하얘지는 아이에게 의지와 노력만을 강조한다면 이를 악물고 울음을 참으며 공부하다가 강박만 더욱 심해지지 않을까요? 이보다는 '수학 문제에 대한 통제권을 잃은 느낌'에 대한 저항감을 줄일 수 있는 조치가 필요할 것입니다.

저는 자전거 비유를 드는 것을 좋아합니다. 자전거를 타고 앞으로 나아가려면 당연히 페달을 열심히 밟아야 하죠. 이 밟는 행동이 '노력'이라면, 손으로 브레이크를 얼마나 꽉 잡고 있느냐가 바로 '저항감'이라고 생각해요.

페달을 밟는 행동이 중요한 것은 맞지만 브레이크를 잡은 손을 놓는 것도 상당히 중요해요. 브레이크를 잡은 채 페달을 밟으면 힘들게 앞으로 나아가긴 하지만 곧 지쳐 나가떨어질 테니까요. 이런 시간이 계속되면 자전거에 대한 부정적인 감정이 각인될 수밖에 없습니다. '자전거라는 건 정말 힘겹게 끙끙대면서 밀어야만 하는 거구나…' 하고요.

제가 이 책에서 이야기하고자 하는 바가 무엇일지 그려지나요? 그랬으면 좋겠는데, 아직 많이 아리송하다면 그것도 나름대로 괜찮습니다. 무슨 내용일지 뻔히 예상되는 책을 읽어 내려가는 것도 스트레스받는 일이니까요. 이 책의 목표는 꾹 참고 억지로 반복하면서 해내는 기존의 접근법 이외에 참을 필요성 자체를 낮추는 접근법도 존재한다는 것을 여러분에게 알려드리는 것입니다. 다시 말해, 애초에 '의지! 의지!'라고 외칠 만한 일이 아니라고 믿게끔 하는 것을 목표로 합니다.

조금 어렵나요? 예를 들어보자면요. 전에 과외 수업을 했던 어떤 학생은 경제적으로 어려운 환경에 처해 있었어요. 부모님이 그들의 수입 대부분을 교육비로 쓰고 있어서 부담을 많이 느끼고 있었거든요. 자칫 수능을 망치기라도 하면 재수를 해야 하는데, 그 비용은 생각하기도 싫고요.

이 학생에게 필요한 건 '더 노력해서 완벽한 성적을 유지할 수 있도록 철저하게 준비하라'는 메시지일 수도 있지만 부모님에게 느끼는 과한 부담감을 이완하는 방법이 더 적합해 보였습니다. 실제로 마지막 수업 때 이 친구가 그러더군요. 엄마한테 "월급의 절반 이상이 내 학원비와 과외비로 나가는데 이건 엄마가 스스로 결정한 일종의 '배팅'이야. 주식투자처럼 원금손실 가능성이 있는 투자 또는 배팅인 거지. 난 물론 최선을 다하겠지만 배팅 자체는 엄마가 한 거야."라는 말을 했다고요. 예전 같으면 절대 꺼내지 못할 말이라고 덧붙이면서요.

누군가는 저 발언에 대해서 반감을 보일지도 모르겠습니다. '아니, 죽어라 공부해서 효도하겠다는 말을 해도 시원찮을 판에, 뭐?'라고 생각할지도요. 이 입장도 이해는 갑니다. 하지만 나 몰라라 하는 게 아닌 '과한 수준의 기대감'으로부터 스스로 한발 걸어 나왔다는 것에 대해 박수를 보내고 싶었습니다, 저는.

'해내야 해!'라는 긴장 모드가 꺼진, 차분하고 고요한 상태에서만 보이는 것들이 있습니다. 더 나아가 무언가를 잘하기 위해서는 (당연하게도) 반복하여 숙달되는 것이 필요합니다. 효과적인 반복 숙달을 위해서도 '저항감 낮추기'가 필요하다는 말입니다.

그렇기에 제가 저항감이라는 주제를 다루지 않은 채, 그냥 '이러이러한 식으로 해보세요'라는 성공 노하우만을 던진다면 여러분을 기만하는 책이 될 것 같습니다. 그래서 저는 저항감에 대해서 그리고 이 저항의 지점들에 대처하는 이완을 통해 '행동으로 이어지게 만드는 인식 전환 방식'을 주요하게 다룰 예정입니다.

이 책은 '아웃풋을 내놓지 못하고 끙끙대는 이들'을 대상으로 합니다. 여기서 이야기하는 아웃풋의 범위는 꽤 넓은데요. '내가 목표한 행동을 실질적으로 해냈는가'를 의미한다고 이해하면 됩니다. 수험생이라면 학습 계획을 세우는 것을 넘어서 실제 계획한 것만큼 집중하는 것, 작가 지망생이라면 글을 쓰는 행동 자체가 아웃풋이 되겠지요.

아웃풋을 나누어 본다면요. '능동적인 아웃풋'과 '수동적인 아웃풋'으로 나누어 볼 수 있습니다. 이 기준점은 어디일까요? 저는 자발성의 유무라고 생각해요. 대부분의 아웃풋은 상황이 강제하는 수동적인 경우가 많아요. '먹고 살려면 시험에 통과해야 할 테니 공부를 하자', '내일까지 이 보고서를 끝내지 못하면 상사한테 한소리 듣겠지?' 뭐 이런 것들이죠.

이와 반대되는 능동적인 아웃풋은 무엇일까요? 아무도 시키지 않았지만 업로드하는 블로그 포스팅? 그누구도 궁금해하지 않지만 과한 TMI와 함께 올리는 자랑 섞인 인스타그램 스토리? 맞습니다. 이것도 능동적인 그리고 자발적인 아웃풋이긴 한데요. 그보다 제가 이야기하고자 하는 것은 '강제된 상황에서의 자발성'입니다.

강제된 상황에 대한 저항감을 낮출 수 있다면 '해야만 하는 일'에 대해서도 어느 정도 능동적인 아웃풋이 가능하다는 것이죠. 마지못해 최소한의 기준만 겨우 채우고 난 뒤 도망치고 후회하는 습관에서 벗어날 수 있다는 뜻입니다.

그런 이유로 이 책의 제목을 '능동적 아웃풋'으로 지었습니다. 저항감을 낮추게 된다면 보다 적극적으로 아웃풋을 내게 되니까요. 또 내 딴에는 열심히 하고 있는데 정작 이렇다 할 아웃풋이 나오지 않고, 이 상황을 타개하고자 인풋에 더욱 집중하는, 이런 반복되는 악순환에 빠진 이들에게 도움이 되었으면 하는 바람을 담았고요.

책의 1부는 저항감과 이완법을 이야기하고, 2부는 인풋 중독과 아웃풋 강박에 대처하는 방식을 다룹니다.

1부는 '저항감'이라는 키워드를 기반으로 특정 상황이나 사람으로 생기는 몸의 거부감을 주제로 이야기해보고자 합니다. 능력이 부족해서가 아니라 마음만 먹으면 할 수 있을 것 같은데 나도 모르게 뒷걸음치는 상황에 대한 신체적인 거부감을 다룰 거예요.

2부에서는 계획한 바를 시작하지 못하거나 지속하지 못하는 구조적인 이유를 파악한 후, 나에게 유리한 포지션을 구축하거나 실패 시의 리스크를 최소로 할 수 있는 혹은 두 마리 토끼를 모두 잡을 수 있는 얄미운 포지션에 대해 이야기하려고 합니다.

이 외에도 다양한 방식의 '생존을 위한 사고방식'을 덧붙여 썼습니다. 예를 들면 경쟁자에게만 관심과 돈이 쏠릴 때 또는 '이 분야에서 승부를 봐야겠다'라는 생각으로 일을 추진하는데 경쟁자들이 물밀듯이 쏟아질 때와 같은 견디기 힘든 상황에서 나름의 대처법 같은 거요.

　　'촉촉한마케터'의 첫 책《내 생각과 관점을 수익화하는 퍼스널 브랜딩》이 많은 사랑을 받았습니다. 사실 마케팅이라고 할 만한 것이 거의 없었는데도 입소문만으로 널리 알려진 것 같아 내심 뿌듯했습니다. 책에 대한 반응이 좋다면 다음 책은 '내적 저항감'에 대해 이야기하고 싶다는 소망이 있었어요. 다행히 기회가 찾아왔네요. 무언가를 하고자 할 때 벽을 만난 듯한 기분이 든다면 이 책이 조금이나마 도움을 줄 겁니다.

차례

시작하며 — 6

자아 포지셔닝 테스트 — 18

1부. 저항감과 이완

막연한 기대를 현실로 바꾸는 것이 어려운 당신에게 — 31
상황과 사람은 그대로이지만 — 39
촉촉한마케터의 단상 : 취함의 전염 — 56
신체적인 저항과 심리적인 저항의 구분 — 59
긴장 상태에서 우리 머릿속은 — 66
심리적인 장벽을 마주한 상황에서 이완 — 78
촉촉한마케터의 단상 : 나만 진심인 건가? — 95
인풋과 아웃풋이 요구하는 컨디션의 차이 — 99

인풋 저항감 테스트 — 117

2부. 인풋 중독과 아웃풋 강박에 대처하기

목표와 행동 사이에 위치하는 저항 — 131

아웃풋을 방해하는 생각의 오류들 — 139

망상의 시작, 익숙하지 않아서 — 154

주목받지 못하고 발언권도 없어요 — 161

뒤처진 기분에 조바심이 들고 우울해져요 — 170

대체되거나 사라질까 봐 걱정돼요 — 178

이 정도 쌓였으면 반응이 있어야 하지 않나요? — 188

촉촉한마케터의 단상:유행 그리고 플랫폼 — 192

나를 드러내기 어렵고 나아갈 방향을 모르겠어요 — 196

이 분야 저 분야, 방황하고 있어요 — 206

촉촉한마케터의 단상:당신의 망상은 안녕한가요? — 211

자신감이 자꾸 사라져요 — 216

예측-반응 실제값 구하기 — 220

리스크를 분산하는 내적 계산법 — 227

촉촉한마케터의 단상:삶의 난이도, 세상에 대한 태도 — 234

끝내며 — 238

[자아 포지셔닝 테스트]

내가 알게 모르게 추구하는 스타일을 탐색해 봅시다. 스스로 포장하는, 즉 '척'하고 싶은 것을 기반으로 답해 보세요.

♨ 아래 14개의 질문에 대한 답변 Ⓐ, Ⓑ, Ⓒ, Ⓓ 개수를 세어보세요.

1. 만약 누가 봐도 '대단한 성과'를 이뤄냈다면 나는 이렇게 행동할 것 같다, 솔직히.

Ⓐ 별것 아닌 척 은근히 자랑한다, 실제로는 노력했을지라도. "운이 좋았지…."

Ⓑ 얼마나 노력했는지 털어놓는다. "이 악물고 부족한 점을 채우기 위해 최선을 다했어…."

2. 물려받는 외모, 재산, 학연, 지연 등 태어나면서부터 정해진 것에 대한 당신의 생각은?

Ⓐ 가치 있고 의미가 있지. 후천적인 노력으로는 얻어낼 수 없는 값어치가 있다고 봐.

Ⓑ 각자의 성장 서사가 중요한 거 아니야? 저마다의 흉터, 스토리, 여정이 더 값지다고 생각해.

3. 타인에게 본능적으로 호감을 느끼는 순간은? (이성적인 판단 없이)

Ⓐ 외적인 환경에 눈이 먼저 간다. '저런 환경에서 자라서 역시…'

Ⓑ 그 사람의 내적인 아픔을 인지했을 때. '밝은 줄만 알았는데….'
　(반대 포함)

4. 즐겨보는 콘텐츠에서 내가 '동일시하고 싶은 인물'이 있다면?

Ⓐ 어려운 일을 표정 하나 안 바뀌고 해낸다. 전교 1등인데 운동도 잘
　하는 학생회장이라거나.

Ⓑ 실수하는 모습이 보여도 매력이 있는 '사람 냄새' 나는 인물이
　좋다.

5. 지금 내 가치관을 솔직하게 이야기하자면?

Ⓐ '끝내주는 환경에서 태어난 이들' 그룹에 기회만 된다면 끼고 싶어.

Ⓑ 부족함이 드러나더라도 사람들에게 힘이 되는 일을 하고 싶어. 가
　끔 비아냥도 듣겠지만.

6. 매번 음원차트 상위권에 이름을 올리는 작곡가인 당신의 비결은 뭔가요?

Ⓐ 영감이 떠오를 때 그걸 붙잡고 그 자리에서 끝을 봐요.

Ⓑ 그런 이야기는 하고 싶지 않아요. 다음 작업에서 '퇴물' 소리를 들을 수도 있잖아요.

7. 믿고 맡긴 그 사람이 나름대로 최선을 다했으나 결과가 영 별로라면 내가 더 쉽게 용서할 수 있는 사람은?

Ⓐ 스펙 좋고 능력이 뛰어난 그 사람, 호언장담해서 맡겼는데.

Ⓑ 항상 열심히 하는 그 사람, 기회를 달라고 해서 맡겼는데.

8. 인플루언서 ○○을 좋아한다. 단순 호감을 넘어 존경심까지 든다. 왜일까?

Ⓒ 본인만의 차별화된 아이덴티티가 확고하잖아.

Ⓓ 고학력, 전문직, 고소득. 카테고리가 확실하니까.

9. 나는 언제 행동을 주저하더라?

ⓒ 구독자도, 팔로워도, 팬도 많지도 않은 내가 '떠들 자격'이 있을까?

ⓓ 학위도, 전문성도, 경력도 없는 내가 '떠들 자격'이 있을까?

10. 괜히 신경이 거슬리고 짜증 나는 더 스트레스받는 이야기는?

ⓒ 나보다 나이가 많은 이가 말하는 '그 시대의 기준'에 맞춰진 잔소리.

ⓓ 갑자기 튀어나와서 자신의 '성공 비법'을 따라야 한다고 외치는 메시지.

11. '퍼스널 브랜딩'이라는 단어에 대해 어떻게 생각해?

ⓒ 새롭게 생겨난 단어로 누구나 각자의 개성이나 강점을 수익화할 수 있는 평등한 개념.

ⓓ 말장난이지. 메인 스트림에서는 상대가 안 되는 '2부 리그'라고 할 수 있지 않나?

12. 다음 두 상황 중에 나는 어떤 기회를 원할까?

ⓒ 온오프라인을 막론하고 많은 사람이 내 이야기에 귀를 기울이는 상황.

ⓓ 준비하고 있는 시험에 통과할 가능성이 비약적으로 높아지는 상황.

13. 내 삶에서 벽을 마주하게 된 상황들을 분석해 보면 그 이유는?

ⓒ 기발한 아이디어를 떠올리지 못해서, 나의 개성을 표현해 내지 못해서.

ⓓ 뛰어난 성적이 아니라서, 학위가 없어서, 다들 아는 회사에 다니지 못해서.

14. 이런 종류의 테스트에서 원치 않는 결과가 나왔을 때 드는 생각은?

ⓒ 촉촉한마케터. 역시 닉네임부터 이상하다고 느꼈어. 아휴, 시간 낭비.

ⓓ 하, 나는 왜 이럴까? 내가 잘못하고 있는 건가? 스트레스받아.

결과

Ⓐ가 4개 이상이고 ©가 4개 이상이라면

자유분방한, 타고난 천재

◆ 고지식한 제도권 내의 성공보다 독창적이고 타고난 천재를
  추구하는 스타일

고소득 전문직이라거나 학위나 학벌 등의 기존 방식의 성
공 경로보다 독창적인, 혁신적인, 새로운 방식에 대한 로망이
있을지도 몰라요. 애쓰고 노력하는 이미지보다 '개성', '재능'
과 같은 단어에 더 끌립니다. 종합적으로 말해서 '자유분방한
천재' 스타일을 추구합니다.

예술가들이 자기 스타일에 대한 제약에 민감한 반응을 보
이는 것처럼 자율성, 독립성을 중시하는 스타일입니다. 성공
에 대한 정의가 과거와는 달라진 요즘, 행복하게 자기 일에 몰
입할 수 있는 사회 분위기가 조성되었잖아요. 지루한 기존의
성공 공식보다 내 마음대로 표현하고, 이를 통해 세상의 환호
를 받고 싶어 합니다.

단점이라면 운 좋은 소수가 아닌 이상 언젠가는 세상과 타
협해야 하는 시기가 찾아올 수 있습니다. "내 스타일로 성공
할 거야."라는 다짐이 세상으로부터 거절당하는 상황이죠. 이
'거절 가능성'을 조금씩 허용하는 연습이 필요합니다. 그 집착

을 내려놓을 때 오히려 시야가 넓어질 수 있습니다. 내 스타일이라고 믿어왔던 것이 사실은 일시적인 취향이었을지도 모르니까요.

가능하면 '개성만으로 승부를 본 사람들'의 일화를 다양하게 찾아 읽어 보세요. 번역기를 사용해서라도 해외 사례도 읽다 보면 국내에는 잘 알려지지 않은 유니크한 이야기가 영감의 원천이 되어줄 겁니다. :)

Ⓐ가 4개 이상이고 Ⓓ가 4개 이상이라면

클래식한 엘리트 스타일

◆ '애쓰는 모습'을 보여주기 싫은 저항감에 사회적인 시선에 대한
　방어가 섞인 스타일

어떤 사람은 본인이 작업하는 모습을 누군가 쳐다보고 있으면 화를 냅니다. "저리 가서 네 할 일을 하도록 해."라면서요. 그 사람이 싫어서(?) 일 수도 있지만, 본질은 본인의 시행착오를 보여주기 싫은 마음일지도 몰라요. 부족한 점을 채우려고 노력하고 애쓰는 모습을 보이기 싫은 거죠.

크게 노력하지 않아도 잘하는 느낌, 즉 '타고난 무언가'를 선망합니다. 타고난 외모로 노력 없이 유명해지고 큰돈을 번다거나, 물려받은 지능으로 어려운 시험을 패스한다거나 하

는 다 가진 드라마 주인공 같은 느낌을 꿈꾸는 거죠.

　　이런 자아 이미지를 추구할 때의 장점은 성과에서 나타나는데요. 멋진 결과물을 세상에 선보여야 한다는 생각에 자연스레 몰입합니다. 주변 유혹에 쉽게 흔들리지 않을 가능성이 높아요. 그리고 이런 유형은 클래식한 성공을 갈망하는 경향을 보이는데요. 성공에 대한 사회적인 시선이나 기준이 있어서 이 유형의 사람들은 과거의 기준을 더 선호합니다. 그렇기에 하루가 멀다고 새로운 기술이 튀어나오는 요즘, 스트레스를 느낄지도 모릅니다.

　　구축하려는 이미지의 장점만 챙기세요. 몰입, 열정 등이요. 애쓰거나 동정받는 느낌에 대한 거부 반응을 이완해 보는 것도 좋습니다. 반드시 완벽한 이미지만 추구할 필요는 없어요. 당신이 좋아하는 지인들을 보세요. 그들이 완벽해서 좋아하는 건 아니잖아요?

ⓑ가 4개 이상이고 ⓒ가 4개 이상이라면

외로운 열정, 혼자 떠들 용기

◆ 용기도 의욕도 열정도 있지만 같이 나눌 수 있는 이들이 많지 않은 스타일

　　이 유형은 시행착오, 실패, 고난을 드러내는 것에 꽤 열려

있어요. 그렇기에 장단점이 공존합니다. 장점은 세상의 피드백을 받아들일 용기가 있다는 것이며, 이는 빠른 성장으로 이어질 수 있습니다. 나의 부족한 점과 실수를 세상에 공개하는 경우 피드백이 오기 마련이니까요. 잘 가꿔진 완성된 이미지를 추구하던 이들이 시행착오를 겪으면서 그 부족함을 드러내지 못할 때 당신은 그들에게 영감이 될 수 있습니다.

단점은 머무르고자 하는 분야, 카테고리, 시장에서 당신과 비슷한 유형의 사람이 많지 않다는 것입니다. 그러므로 나와 같은 생각을 하는 사람들이 많지 않은 상황이라면 그에 대한 대처가 중요합니다.

비슷한 유형의 사람들이 많지 않다 보니 이 유형은 상대적으로 외로울지 몰라요. 당장 나와 비슷한 이들이 눈에 띄지 않는다고 해서 기죽거나 포기하지 마세요. 조금씩 당신의 생각을 세상에 전달하면 하나둘 동조하는 이들이 생겨날 가능성 것입니다.

다시 말해 '소속감'을 재정의할 필요가 있어요. 특정 그룹이 있어서 그곳에 소속되어야 소속감을 느끼는 게 아니라 '나와 같은 사람들은 결국 내게 모인다'라는 맥락으로 거시적이고 장기적인 마음가짐이 중요합니다.

Ⓑ가 4개 이상이고 Ⓓ가 4개 이상이라면

클래식한 성장형 주인공

◆ 개인적인 서사를 중시하고 쌓아 올리기를 갈망하며 우상향을
추구하는 스타일

당신은 실수, 실패, 시행착오, 고난 등이 공개되는 것을 크게 두려워하지 않습니다. 결국 해낼 것이라는 스스로에 대한 믿음 혹은 성공하지 못한다 해도 그 속에서 의미를 찾을 수 있는 마음가짐 덕분일지 모릅니다.

실수하는 모습마저 공개할 수 있다는 건 '나는 이미 다 이루었도다'라며 뒷짐 지는 이미지가 브랜딩이라고 오해하는, 이 시대에 상대적으로 희소한 포지션이라고 생각합니다. 그래서 오히려 장점이 될 수 있어요. 이미 다 이룬 이들을 보고 기죽지 않으면 좋겠습니다.

사실 사람들은 결말보다 서사를 더 좋아해요. 자연스럽게 몰입하게 만드는 건 결말이 아니라 서사라고 생각합니다. 생각보다 당신을 응원하는 이들이 많을지 몰라요. 상처가 많은 주인공을 다들 마음속으로 응원하잖아요?

이 유형은 '구독자 수'라거나 '원하는 곳에서 일할 자유' 등 새롭게 떠오르는 성공 기준보다 기존의 가치를 선호합니다. 고소득 전문직, 학벌 같은 클래식한 가치들이요.

결국 시행착오를 반복하며 쌓인 경험으로 바라는 것을 얻

어내는 서사의 주인공 이미지를 추구하는 당신은 본인의 발자국을 세상에 남길 필요가 있습니다. 매일 쏟아져나오는 기술, 트렌드 등 '내가 너무 올드한 건가'라고 생각할지도 모르겠어요. 그렇다고 마음을 닫지는 마세요. 새로운 변화에 본인을 조금씩 노출하면서 방향을 지켜보세요.

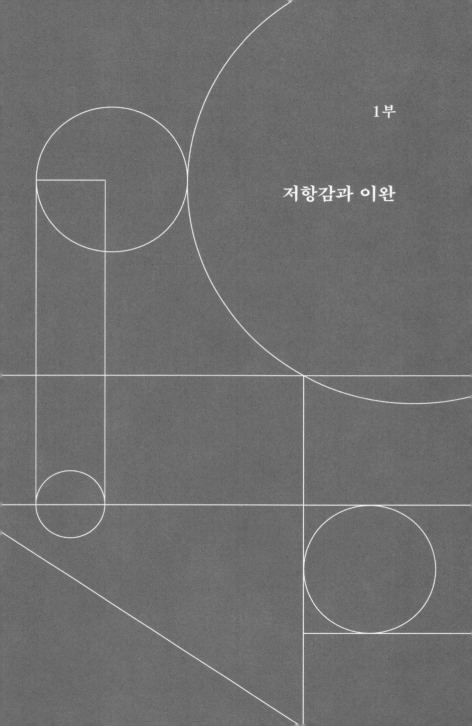

1부

저항감과 이완

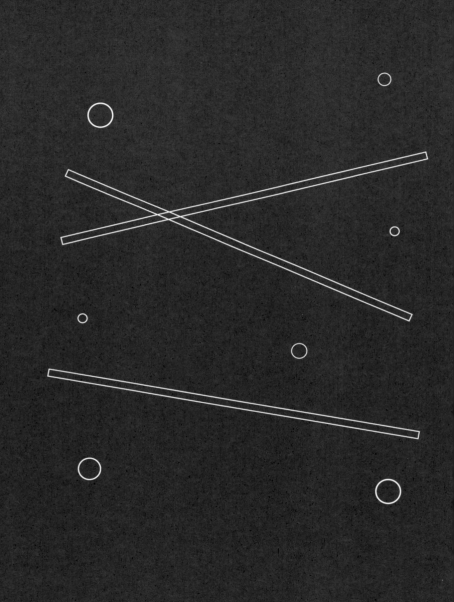

막연한 기대를
현실로
바꾸는 것이
어려운 당신에게

'기대와 현실의 거리감'이라는 표현을 이 책에서 반복하려고 합니다. 그렇다면 제가 사용할 이 표현에 대해 정리가 필요하겠지요.

'기대와 현실의 거리감'에서 기대는 고양된 감정을 의미합니다. 새로운 가능성에 가슴이 뛰면서 '나도 할 수 있겠다'라는 생각에 미소 지어지는 상황이요. '오, 좋아. 도전해 볼까?'와 같은 생각도 들고요. 불현듯 추리소설을 써봐야겠다는 생각이 들었다거나, 회계사가 되어야겠다는 의지가 솟는다거나, 특정 모임에 참석해서 먼저 꿈을 이룬 사람들과 친분을 쌓아야겠다는 충동이 올라온다거나 하는 상태도 마찬가지입니다. 한 문장으로 정리하자면 '의지가 솟아난 고양된 상태'를 말합니다.

고양된 감정만큼 현실이 뒤따라준다면 얼마나 좋을까요. 안타깝게도 대부분 현실은 그렇지 않지요. 쓰고자 했던 추리소설은 첫 문장이 나오지 않아서 끙끙대고, 회계사 준비는 압도적인 책의 두께에 지레 겁을 집어먹습니다. 좋아하는 사람들이 모인 모임에 나갔는데, 생각보다 나를 반기지 않는 듯해 위축되고요.

고양된 감정에서는 모든 일이 쉽게 느껴지지만 실제로 이를 행하려고 할 때는 온갖 현실적인 제약이 따릅니다. 대부분 여기에서 나가떨어지죠. 위의 사례는 극히 일부예요. '고양된 감정이 식어버리는 순간'의 예시를 더 보자면요. 다른 사람이 할 때는 쉬워 보였는데 막상 해보니 예상보다 어렵다거나, 시간과 품이 많이 들어간다거나, 끝마쳤을 때의 보상이 불확실하다거나, 더 편한 방법이 있을 것 같다는 생각에 집중이 안 된다거나(챗GPT의 등장 이후 이 핑계는 더 합당하게 느껴지지요), 나와 잘 맞지 않는다는 생각이 든다거나(현재의 기분이 유일한 근거임에도 불구하고), 결과가 바로 나오지 않아서 흥미를 잃는다거나, 잘은 모르지만 엄청나게 획기적인 노하우가 있을 것 같은 환상 속의 방법론을 찾아 헤맨다거나, 매년 반복되는 '신년 계획 세우기→계획의 무너짐→또 다른 계획 세우기'의 반복처럼 이미 우리의 일상에 녹아있는 패턴이라고 볼 수 있습니다.

행동력에서의
부익부 빈익빈

인기 작가 A와 작가 지망생 B가 있습니다.

A는 본인의 글쓰기 루틴을 만들어 매일 열심히 글을 쌓아갑니다. 아무리 글쓰기가 습관으로 굳어졌다고 해도 당연히 스트레스가 있겠지요. 이야기를 창작한다는 것이 쉬울 리는 없으니까요.

B 역시 시간을 쪼개어 글을 쓰기 위해 낑낑댑니다. 그런데 현실을 보면 많은 경우 절실한 상황에 부닥친 B보다 A가 더 열심히 글을 씁니다. 왜일까요? 의지력의 차이일까요? 물론 그럴 수도 있겠지만 그 이유만이

전부는 아닐 겁니다.

대다수가 놓치고 있는 포인트가 하나 있는데요. 작가 지망생 B는 '내가 투자하고 있는 시간과 노력이 물거품이 될 수도 있다'라는 현실에서 자유로울 수 없기에 그렇습니다. 무슨 말인지 이해가 되나요?

다음의 상황을 떠올려보세요.

인기 작가 A는 '내 노력이 물거품이 되면 어떻게 하지?'라는 걱정을 할 필요가 없습니다. 글쓰기 자체는 힘들 수 있겠지만 원고를 마치기만 하면 출판사로부터 거절을 당한다거나 아무도 안 읽는 책이 될 확률이 0에 수렴할 겁니다. 이미 유명하니 A의 책을 기다리는 팬이 있을 테니까요.

출판 이후의 프로세스도 큰 걱정은 없을 거예요. 어쩌면 영화나 드라마로 제작되는 등 또 다른 성과를 거둘 수도 있을 겁니다. 본인의 네트워크를 이용해서 동료 작가들에게 홍보를 부탁할 수도 있고 방송에 출연해서 신간을 알릴 수도 있을 테죠. 글을 쓰는 것이 어렵지, 그 뒤로는 무탈하게 흘러갈 것이라는 '확신'이 있다는 의미입니다. 그래서 수월하게 매일의 루틴을 반복할 수 있습니다.

반대로 작가 지망생 B는 '내가 투자하고 있는 시간과 노력이 아무런 의미 없이 사라질 수 있다'는 리스크를 안고 시작합니다. 이 리스크는 꽤 치명적입니다. 조금이라도 자신감이 떨어진다면 불시에 불안이 B를 집어삼킬 겁니다. 글을 써 봤자 출판은커녕 아무도 읽지 않을 수 있다는 공포와 함께요.

'이 시간에 자격증 공부를 하는 것이 더 생산적일지도 몰라. 그러면 최소한 대외적으로 인정받을 수 있는 커리어라도 생길 텐데….', '소설 습작을 쓴다니 시간을 무가치하게 버리고 있는 건 아닐까?' 하는 생각도 들겠죠. 자연스레 다른 선택지로 눈이 돌아가게 됩니다. 자기 확신이 사라지면서 심적인 결핍이 생겨나는 것이죠.

이제 먹잇감이 될 확률이 높아집니다. 절박한 사람이 듣고 싶은 이야기만 하면서 돈을 받아 가는 비즈니스가 이 세상에는 정말 많으니까요. 절박한 상황에서는 합리적인 사고가 불가능하잖아요? 위의 경우라면 '무조건 등단할 수 있는 비밀 노하우' 같은 꼬임에 넘어갈 확률이 높지요. 그런 게 있다면 정말 좋겠네요.

다시 유명 소설가와 작가 지망생 이야기로 돌아와서 작가 지망생 B는 '할 수는 있어. 그런데 나중에 보상이 확실할까?'라는 근본적인 불안이 사라지지 않는 한 행동을 지속하는 것이 쉽지 않습니다. 그런데 소설가 A가 보기에는 한심하겠죠.

"아니, 기성작가인 나도 열심히 사는데, 젊은 지망생들이 왜 저렇게 의지가 없지?"라고 생각할지도요. 어느 한쪽의 잘못이 아닙니다. 각자의 사고가 다른 것이지요. 일단 뭐라도 해야 결과가 생긴다는 말도 맞고, 내 노력이 수포가 될 것 같다는 생각에 차라리 조금 더 안전한 진로를 고르려고 고민하는 것도 정상입니다.

너무 뻔한 이야기인가요? 일반적으로 우리는 무언가를 이룬 사람만을 쳐다봅니다. 그 사람의 사고방식, 말, 행동 등을 본받으려 합니다. 큰 의미가 없다는 것을 잘 알면서도 카피합니다. 그 사람이 이용한다는 노트북을 따라 산다거나, 좋아한다는 커피를 마셔본다거나, 그 사람이 쓰는 문구 브랜드를 고른다거나요.

동시에 그 사람과 비교해서 스스로 깎아내립니다.

"성공한 사람도 열심히 사는데, 나는 왜 이럴까?"

마음을 다잡는 경우라면 나쁘지 않지만, 자칫 잘못하면 (사실 대다수는) 자책으로 이어지고 결과적으로 포기하게 될지도 모릅니다. 연예인들이 등장하는 유튜브 쇼츠. 그중에서도 고생하는 예능프로그램 영상 클립을 보면 이런 댓글이 많더라고요.

'돈 많이 벌고 부러울 것 없는 저 배우도 창피 당해가며 열심히 사는데, 나는 왜 이렇게 대충 살지…' 이런 맥락이요.

이 이야기의 핵심은요. 의지력을 구성하는 수많은 요인 중 하나가 '확실한 기대감'이라는 것입니다. 그렇기에 의지력도 부익부 빈익빈일 수밖에 없습니다.

수능 1등급이 목표인 2등급인 학생에겐 '조금만 더 노력하면 이뤄낼 수 있다'라는 확신이 있습니다. 그래서 더 열심히 공부합니다.

반대로 지금까지 성적이 좋지 않았던 학생이라면 의지력을 끌어올리는 게 어려워요. 이것저것 해봤자 변할 게 하나도 없을 것 같으니까요. 기대되는 확실한 '아웃풋'이 없다는 의미입니다. 그래서 의지력, 행동력 등도 부익부 빈익빈일 수밖에 없는 거죠.

이를 정신력만으로 극복하는 극소수의 정말 멋진 분도 있지만 그들이 '멋지다, 대단하다'라는 평가를 받는 이유는 상대적으로 희소하기에 그런 게 아닐까요?

이미 여러 성취를 이룬 인플루언서와 같은 유명인들은 기대와 현실의 거리가 그리 멀리 떨어져 있지 않습니다. 새로운 콘텐츠를 업로드하면 몇십만, 몇백만 명이 볼 거라는 당연한 기대감이 그들을 움직이죠. 또 그들은 새로운 비즈니스를 시작하면 많은 관심이 모일 거라는 걸 스스로 잘 알고 있습니다. 이 확신이 그들을 움직이게 만드는 것이죠.

그들이 느끼는 '기대와 현실의 거리'와 당신이 느끼는 '기대와 현실의 거리'가 확실히 다르다는 걸 이젠 이해가 되나요?

상황과 사람은
그대로이지만

내 기대치와 현실이 동떨어져 있을 때, 신체는 어떠한 반응이 이어질까요?

지금까지 '몸의 저항'과 같은 내용을 글로 소개한 적이 없어 솔직히 걱정됩니다. 잘못 읽히거나 제 의도가 제대로 전달되지 않으면 살짝 머리가 이상한 사람의 글처럼 보일 테니까요. 사이비 같은 느낌이 풍길지도요.

그래서 제 일화를 먼저 소개합니다. 그것이 그나마 오해를 줄일 수 있는 길이라고 판단했어요.

저는 (적어도 당시에는) 좋은 고등학교에 진학했습니

다. '좋은'의 의미는 '공부 좀 한다는 아이들이 모였다'
라는 뜻이에요. 매년 서울대학교를 스무 명씩 보낸다
는 학교였는데요. 저는 정말 별생각 없이 그 고등학교
에 진학했습니다. 중학생 때 공부 잘한다는 소리를 꽤
들었거든요.

그런데 고등학교에 진학해서 공부를 과하게 잘하는
친구들을 만나보니, 마치 거대한 벽에 가로막힌 기분
이 들었습니다. 기숙사 단체 생활, 매달 치르는 모의고
사, 저마다 그럴싸한 목표가 있는 친구들(열일곱 살의 목
표가 특별할 것도 없을 텐데 그 당시엔 하나같이 대단해 보였어
요)도 힘들었고요.

그중 저를 가장 우울하게 했던 건 '학교 내에서의 제
위치'였습니다. 중학교 때까지만 해도 전교 1~2등은
어렵지 않게 했거든요. 사실 학군 자체가 공부를 잘 하
는 곳은 아니었기에 가능했던 등수인데, 저는 제가 잘
난 줄 알았던 겁니다.

고등학교 진학 후 '상위 70%' 이런 성적이 나왔습니
다. 100명이 있다면 70등 언저리였던 거지요. 그게 뭐
대수냐고 말할 수도 있지만, 유일한 장점이 사라진 제
입장에선 큰 충격이었습니다. 그중에서도 수학이 가장

힘들었어요. 당시 수학은 4개의 분반이 있었는데요. 편의상 1, 2, 3, 4라고 하면 1그룹은 수학을 제일 잘하는 아이들, 2·3그룹은 중간 수준, 4그룹은 가장 성적이 낮은 아이들이 모인 반이었습니다. 그리고 저는 여기서 4그룹이었어요. 장난삼아 친구들이 놀리면 얼굴은 웃었지만 심적으로는 비참했습니다.

뭔가 잘못되어가는 느낌. 선행학습이 전혀 되어 있지 않은 상태에서 고난도 문제를 마주했을 때의 무력함은 저를 무겁게 짓누르곤 했어요. 그냥 스트레스만 받는 수준이 아니라 스스로 위축되더라고요.

10시, 12시까지 학교에 남아 공부를 하던 그 시절, 저는 비가 내리는 수학 문제집을 펼쳐두는 게 창피해서 화장실에 갈 때는 꼭 책을 덮어두곤 했습니다. 모르는 문제나 개념이 있어도 질문하지 못했어요. 예전에는, 그러니까 적어도 중학생 때는 모른다는 것이 부끄럽지 않았고 질문하는 데 저항감이 없었거든요? 그런데 언제부턴가 '나만 모르는 거 아냐?' 하는 생각 혹은 '이런 질문하면 실력 없는 학생이라는 이미지만 각인시킬 뿐이야'라는 잘못된 판단을 내리고 있더라고요.

위축된 저는 질문을 참고 혼자 기숙사로 돌아와 모

르는 문제를 검색해 보곤 했습니다. '공부 잘하는 애'라는 정체성이 무너지고 잘난 거 하나도 없는, 소위 말하는 '내신 깔아주는 애'가 되었다는 현실을 받아들이기가 무척 힘들었죠. 당시 저는 제가 처한 상황에 대해 아주 강하게 저항감을 느꼈다는 말입니다.

모든 것이 그대로인데도
저항감이 사라질 수 있을까?

📌

당연히 도피 심리, 회피 욕구가 항상 있었습니다. 의지력을 강조하는 책, 시험 합격자 수기까지 안 찾아본 게 없어요. 공부는 안 하고 자기계발서만 찾아다녔습니다.

그런데 이런 책들은 일시적인 감정의 들뜸은 만들어주지만 현실을 버티도록 도와주지는 않더라고요. 강한 어조의 자기계발서 대부분은 '노력을 통해 성취를 얻어낸 다음, 떵떵거리면서 당당하게 살아라'라는 이야기가 많았습니다.

반대로 말하자면 떵떵거릴 수 있는 조건이 되기 전

까지는, 즉 '당당하게 세상에 나를 드러낼 조건'이 갖춰지기 전까지는 편안함을 느낄 수 없는 것이 당연하다는 논리였습니다. 수험 생활에 비유하자면 '최선의 노력을 다해서 최상위권에 진입한 뒤에 여유를 즐겨라'일 겁니다. 문제는 여유를 즐길 수 있는 입장권인 '최상위권 성적'과는 거리가 멀었다는 것이고, 해당 티켓을 획득하기 위해서는 '학습 저항감'이라는 큰 산을 넘어야 한다는 사실이었죠.

그렇게 해서 관심을 갖게 된 분야가 '이완'입니다. 말 그대로 힘을 뺀다는 개념입니다. '이완'의 핵심 전제는 다음과 같습니다.

지금 내 상황과 주변 사람들은 그대로이지만,
이에 대한 나의 반응은 바뀔 수 있다.

이 문장에 대한 의심이 가득했던 것이 사실입니다.
'아니, 나는 저런 정신 승리를 원하는 게 아니라고. 현재 바닥인 내 성적을 갖고도 헤헤거리는, 열심히 했으니 괜찮다는 마인드나 결과를 원하는 게 아니야. 나는 좋은 성적을 받아서 당당하고 싶다고'.

하지만 제게는 그런 선택지가 없었어요. 번아웃 상황에서 책을 펼치는 것도 힘들었거든요. 그러나 돌이켜보면 그때, 저 문장을 마주했다는 것 자체가 제게는 큰 선물이었다고 생각합니다.

어색함을 의지력으로
극복하지 않는 것처럼

📌

'이완'을 어떻게 적용했는지에 대해 간단하게 언급하고자 합니다.

저는 몸이 거부하는 순간을 찾는 데만 사흘을 썼어요. '몸이 거부한다'라는 개념은 '어색한 친구와 단둘이 있는 상황'을 떠올리면 됩니다. 딱히 확인할 것도 없는데 핸드폰을 계속 처다본다거나, 괜히 화장실에 다녀온다거나, 다리를 떤다거나, 노래를 흥얼거린다거나….

이런 행동들은 불편한 느낌으로부터 도망치려는 몸의 신호일 수 있습니다. 그런데 어색한 상황에 대해서우리는 '의지로 극복해라'라고 하지 않잖아요. 저는 '어

색한 관계의 사람 앞에서 자꾸 핸드폰을 확인하는 것'
과 '공부하려고 앉은 책상에서 무심코 펜 돌리기에 열
중하는 상태'가 근본적으로는 유사할 수 있겠다는 생
각이 들었어요. 전자를 의지로 극복하지 않듯이, 후자
또한 의지 외의 다른 접근법으로 다룰 수 있지 않을까
싶었던 거지요.

그렇다면 당시의 제가 위축되는 순간은 언제였을까
요? 몸이 배배 꼬인다거나 움츠러들고 현실 도피를 위
해 '망상 모드' 스위치를 켜는 그런 순간 말이에요.

많은 '도피 순간' 중 하나를 꼽아본다면 앞서 말한 것
처럼 '내가 문제를 다 틀린다는 것을 친구들과 선생님
이 알아차릴 때'였습니다.

당시 학교 열람실에는 칸막이 없이 여덟 명이 네 명
씩 마주 보는 책상들이 놓여 있었어요. 기숙사 자습실
도 그랬고요. 그렇기에 페이지가 빠르게 넘어가는, 공
부 잘하는 친구들과는 다르게 오답 표시가 연달아 그려
진 내 문제집은 은근히 스트레스였습니다. 좌석 구조상
오가며 다들 한 번씩 쓱 보게 되니까요. 몸이 위축되고
눈치를 보면서 좌불안석이 되었지요.

'내 미래가 내가 바라는 만큼 블링블링하지 않을 수도 있다'라는 생각이 현실처럼 느껴지는 순간이 있습니다. 내가 생각하는 나의 수준이 실제로는 이에 미치지 못하고, 노력하고 있는데도 내 위치가 변화하지 않고 있으며, 앞으로도 그럴 것이라는 생각을 마주했을 때 같은 경우지요.

저는 답답한 현실에서 벗어나려는 심리가 강했습니다. 그래서 석 달 만에 몇 등급을 올렸다거나 하는 극적인 수험 사례만 찾아본다거나 하는 식으로 현실에서 도망을 쳤어요. 극적인 사례를 하나씩 읽다 보면 왠지 지금의 하잘것없는 나를 금세 '가치 넘치는 나'로 바꿀 수 있을 것 같았거든요. 나에게도 그런 극적인 순간이 찾아올 것 같고요. 그렇게 중독됩니다. 다른 사람의 성공 스토리에 말이에요.

누군가로부터 나에 대한 기대감을 느꼈을 때도 위축되었습니다. 부모님이 아니더라도 친척이나 동네 어른들이 여전히 저를 '공부 잘하는 아이'로 기대감을 내비칠 때 견디기 힘들었어요. "아니에요. 수학 분반 4그룹인걸요."라고 말할 수도 없고, 그저 쓴웃음을 지으며 자리를 뜨던 기억이 납니다.

지금까지 말한 위축과 반대로 '과한 들뜸' 역시 현실의 저를 납치한 후 망상의 영역에 머물게 함으로써 집중하지 못하게 만드는 일이 비일비재했습니다. 그런데 이에 대해 경각심을 가지지 못했던 이유는 '기분이 좋다'는 사실 하나 때문이었어요. 기분이 좋다는 것을 올바른 방향으로 나아가고 있다는 증거라고 오해한 것입니다. 예를 들어보자면요.

먼저 뭔가 가능성이 보일 때입니다. 매번 틀리던 유형의 수학 문제를 풀었다거나, 잘 외워지지 않던 암기 문제에 대한 답이 떠오른다거나 하는 거요. 이를 경험하는 순간 '이 속도로만 발전한다면…' 하는 식의 시뮬레이션이 자연스레 그려집니다. '성적을 이 시기까지 이 정도만 올리면…', '오늘만큼만 공부가 잘 된다면…' 신이 나서 계속 망상을 돌리기 시작합니다.

성취감은 긍정적인 감정이지만 이에 집착하면 오히려 집중, 몰입의 시간이 짧아집니다. 눈앞의 문제를 푸는 건 스트레스이지만, 머릿속으로 시뮬레이션을 그리는 시간은 즐겁잖아요. 그러나 우리는 '다음 문제는 틀릴 수 있다'라는 현실에 되도록 빨리 직면해야 합니다. 작은 성공에 기분이 취해 있다 보면 리스크를 마주하기보다 리스크 없는 공상에 집착하게 되더라고요.

으스댈만한 재료가 있다고 믿을 때도 '과한 들뜸'이 찾아왔습니다. 좋은 고등학교에 다닌다는 것을 누가 알아주면 저도 모르게 어깨가 올라가더라고요. 학교생활이 힘들면서도 누군가가 "거기 공부 잘해야 가는 고등학교 아닌가요?"라는 말을 하면 겸손한 척 약간은 거들먹거리는 저를 발견했죠. 현실에 머물지 못하게 하는 이 '들뜬 느낌'은 순간적으로 기분은 좋게 만들어줄지 몰라도 실질적인 몰입은 방해합니다.

눈치챘을지 모르지만, 과거 수험 생활을 털어놓는 지금의 저는 매우 부끄럽습니다. 창피하고 찌질한 이야기만 골라서 하고 있다는 생각이 들어요. 그런데 이를 절대 수험 생활 이야기로만 국한하지 않았으면 합니다. 아마 대부분의 분야에서 많은 사람이 겪을 만한 순간에 관한 이야기 아닌가요?

몸에서 반응하는 저항감
만나보기

📌

그렇다면 위에서 말한 상황에서 저는 어떻게 대처했을까요?

의도적으로 저는 사람들이 많이 지나다녀서 아무도 앉으려 하지 않는 자습실 입구에 자리를 잡았습니다. 무슨 공부를 하고 있나 쓱 쳐다보며 지나가게 되는 그런 자리요. 여기서 다 틀린 수학 문제집 페이지를 펼쳐 두고 앉아 있었어요.

친한 친구들은 자습실을 오가며 제 책을 힐끗 쳐다보고는 "이야, 아인슈타인이네."라는 말을 장난스레 귓속말로 남기고 갔어요. 저를 모르는 사람들도 한 번씩 눈으로 훑어보는 것이 느껴졌습니다.

지금 생각하면 별일 아니지만, 당시에는 몸에서 거부 반응이 올라왔어요. '내가 지금 뭘 하는 거지?'라는 생각이 들면서 책을 덮고 구석진 자리로 도망치고 싶었죠. '이렇게 스트레스받으면서 어떻게 공부를 해. 지금이라도 저쪽 구석 자리에서 공부해서 진도를 빼자' 등 회피 욕구에 대한 합리화도 이루어졌고요. 이때 저는 다양한 신체적인 거부 반응과 부정적인 느낌에 대한 '이완'을 적용했습니다.

수험 생활을 하다 보면 '기대를 충족시키지 못하면 어쩌지…'라는 걱정이 가득할 때가 있습니다. 한심하다는 듯이 보는 부모님의 눈빛이라거나(부모님이 스트레스를 준 적이 거의 없는데도 부채감이 상당했습니다. 엄격한 부모님 아래서 자란 친구들은 이 기대감에 대한 강박이 심한 경우가 많더라고요), 은근히 나를 무시하는(정확하게는 내 생각에) 주변인들의 행동이 느껴지거나 할 때 그렇죠.

실제로는 그렇지 않은데 피해의식이 드는 겁니다. 그런데 저는 떠오르는 이런 생각들을 억지로 바꾸거나 합리화하려고 하지 않았습니다. 오히려 더 와보라는 식으로 몸 구석구석에서 느껴지는 위축·거부 반응을 이완으로 다루려고 노력했어요(구체적인 방법은 뒤에서 설명하겠습니다).

긍정적인 감정에 대해서도 동일합니다. 여기저기 자랑하고 싶은 마음이 들고, 자랑했을 때 상대가 부러워하는 반응을 보이면 기분이 좋아지는 그런 즉각적인 보상을 놓아 버리는 것이 이완 연습입니다.

다시 한번, 앞서 이야기한 문장을 가져와 볼까요.

지금 내 상황과 주변 사람들은 그대로이지만,
이에 대한 나의 반응은 바뀔 수 있다.

저는 이완 연습을 통해서 이 문장이 정신 승리를 강조한 게 아니라 사실임을 알게 되었습니다. 진정한 자유를 얻어낼 수 있는 방향을 제시했다고 생각해요.

달라진 건 없습니다. 여전히 친구들은 4그룹인 저를 놀리고, 7줄이 넘는 어려운 고난도 수학 문제는 어떻게 해결해야 할지 아니, 어떻게 풀이를 시작해야 할지조차 몰랐습니다. 비가 주룩주룩 내리는 수학 문제집, 은근한 기대감을 내비치는 지인들도 그대로였고요. 그럼에도 저를 둘러싼 모든 상황이 예전처럼 공격적으로 느껴지지 않고 저를 예전만큼 위축시키지 않더라고요.

해탈의 경지에 이른 사람인 양 이야기하고 있지만 그런 거창한 개념을 말하는 것이 아닙니다. 그전에는 다들 선행학습을 마치고 편하게 공부하는데 나 혼자만 기초부터 벽돌을 쌓는 것 같아 창피했는데요. 어느 순간 그런 감정이 사라졌습니다. '괜찮아. 나는 당당해. 나는 결국 승리할 거야'라는 식의 맞서 싸우는 접근법으로는 유지할 수 없던 평정심을, 이완을 통해 얻어낸 것이지요. 이야기가 자꾸 반복되는 것 같아 지루하진 않을까 걱정이 듭니다만, 조금만 더 이야기해 볼게요. 집중해 주세요.

감정을 부정하거나
생각을 바꾸려 하지 않고

📌

제 변화는 주변 친구들이 먼저 눈치채기 시작했습니다. 그도 그럴 것이 기숙사 학교의 특성상 온종일 붙어 지냈어야 하니까요.

"뭐야, 좋은 일 있어?", "너 뭔가 생기가 돈다?" 이런 반응이 옵니다. 숨기려는 듯 움츠러들고 괜찮은 척만 하던 애가 정말로 괜찮아 보였으니까요.

저도 조금씩 행동이 달라졌습니다. 수업이 끝날 무렵 선생님께 질문하는 바람에 친구들이 쉬는 시간 뺏겼다고 툴툴거리는 소리를 듣기도 하고 "믿는다, 파이팅!"이라는 부모님 말씀에 "가끔 믿음이 배신을 합니다, 어머님." 하며 가벼운 농담으로 대꾸하거나, 다가가기 어려운 공부 잘하는 친구에게 문제 풀이 좀 점검해 달라며 초코우유 하나와 함께 간절한 표정을 지어 보이기도 하고요. 그동안 못했던 것들이 하나씩 '할 수 있음'의 영역으로 편입되었습니다.

여기서 핵심은 억지로 생각을 바꾸려고 한 행동이 아니었다는 겁니다. 공부하는 시간 대비 압도적으로 높은 성적을 받는 공부 잘하는 친구를 보며 느끼는 감정을 억지로 부정하거나 마음에도 없는 다짐을 하지 않았어요.

생각은 하고 싶지 않다고 해서 끊어낼 수 있는 것이 아닙니다. 생각을 바꾸려는 시도는 결국 한계에 부딪히죠. 그렇기에 몸의 저항을 낮추어 불편한 느낌이 더 이상 일어나지 않도록 하는 것입니다. 그러면 부정적인 생각이 연이어서 떠오르지 않더라고요.

정신이 맑아지니 신체 컨디션도 즉각 달라졌습니다. 전에는 여러 번 읽어도 이해되지 않을 때 '나도 선행을 했어야 했어', '저 친구는 개념은 보지도 않고 바로 실전 문제로 넘어가네'와 같은 생각이 들거나 '왜 이해가 안 될까, 나는 멍청한 걸까?' 하는 자기 비하에 빠져 끙끙댔는데요. 이완 연습을 통해 불편한 느낌이 더 이상 올라오지 않다 보니 긴 시간을 어렵지 않게 공부할 수 있게 되었습니다. 이는 이해력을 요구하는 수학 공부에서 특히나 큰 힘이 됐습니다.

이완을 반복하다 보면, 어려운 문제를 만나도 피하려 하지 않고 어떻게 문제를 풀 수 있는지 끈질기게 물고 늘어질 수 있게 됩니다. 부담과 부정성이 낮아지기 때문입니다.

그렇게 여름방학 내내 수학만 공부했습니다. 그리고 2학기가 시작된 후 모의고사, 중간고사 등 시험을 연달아 치르고 나서 저는 4그룹에서 1그룹으로 도약했습니다. 당시 선생님들은 4그룹에서 1그룹으로 한 번에 올라간 학생은 제가 처음이라고 했어요.

1그룹으로 올라간 기쁨도 기쁨이지만 이때부터 저는 언젠가는 '저항감 이완법'을 세상에 꼭 알려야겠다고 다짐했습니다. 그래서 20대 초에 진행했던 '학습 습

관 형성 과외 프로그램'에서 이완법을 항상 이야기했
는데요. 이번 책을 통해 '나만의 아웃풋을 만들려는 이
들'에게 저항감과 이완의 개념을 소개할 수 있어서 얼
마나 기쁜지 모릅니다.

ps.

저항감과 이완에 관한 설명이 주된 1부가 조금 지루
할지도 모릅니다. 다양한 각도의 비슷한 이야기가 반
복해서 나오니까 읽다가 지치지 않을까 걱정도 돼요.

혹시 1부를 읽다가 지친다면 2부를 먼저 읽어도 괜
찮습니다. 2부가 정말 중요하거든요. 핵심을 놓칠까 봐
강조해 봅니다.

취함의 전염

고등학생 시절, 인터넷 강의를 PMP에 다운받아 한 편씩 보곤 했습니다. 미드를 잔뜩 받아서 야간 자율 학습 시간에 보다가 걸려서 압수당하기도 했지요.

여기서 잠깐! PMP는 스마트폰 등장 전에 있었던 동영상 파일을 재생할 수 있는 기기인데요. 뭐, 그런 게 있었구나 정도만 알고 있으면 됩니다. 어린 친구들은 PMP 자체를 아예 모르더라고요. 저는 아직도 'PMP가 뭐예요?'라는 물어본 학생의 표정을 잊지 못합니다. 확실히 내가 나이를 먹었구나를 대놓고 체감한 순간이었어요.

하여튼, PMP에 내장된 기본 게임이 있었습니다. 같은 색의 구슬을 누르면 '쾅' 터지는 그런 게임입니다.

그 유명한 애니팡과 같은 종류는 아니고 이름도 기억
나지 않는 아무도 하지 않을 정도로 재미없는 게임이
었어요.

그런데 저는 그 게임이 무척 재미있었습니다. 아마
고등학교 2학년 때였을 텐데요(공부하기 싫어서 반쯤 미
쳤을지도 모릅니다). 저 혼자 온전히 게임에 심취해 있었
어요. 나름의 공략을 만들어서 신기록을 팡팡 터트릴
때마다 자습 시간에 공부하고 있는 친구의 팔을 붙잡
고 흔들면서 호들갑 떨며 자랑했지요. 무슨 이런 게임
을 하냐며 한심하다는 친구의 눈빛에도 저는 상관하
지 않았습니다.

그런데 일주일, 이주일, 시간이 지나자 "그게 그렇
게 재밌니?"라는 반응과 함께 이 게임이 유행이 되어
버렸습니다. 새로운 전략이 계속 나오고 상상하지 못
했던 플레이 방법이 도출되는 등 반 친구들이 이 광기
에 휩싸였어요.

'게임 같은 걸 왜 하는지 모르겠어. 인생에 전혀 도
움이 안 되잖아?'라던 K마저 이 대열에 합류했을 땐 참
기분이 묘했어요. 실제로 K는 높은 점수를 받아낼 수

있는 공식을 만들어서 제가 한 달을 투자해 쌓은 점수를 나흘 만에 따라잡았습니다. 아무도 관심 없던 상황에서 제가 발산하는 에너지와 분위기에 다들 따라 하게 되고, 그러면서 유행이 된 건데요. 저는 이런 경우가 꽤 있습니다. 제가 풍기는 분위기에 그 이유가 있는 걸까요?

세상을 '증명의 대상'으로 바라본다면 삶이 고달파집니다. 지금의 나는 보잘것없지만 돈을 많이 벌어서 내 성취를 증명해야겠다는 마인드로 세상과 싸우지 마세요. 돈을 많이 벌었으니 이제 세상은 나를 인정하고 존경을 보여줄 거라는 생각을 버리세요.

자신이 느끼는 감정, 감각, 쾌감, 만족감, 몰입감 등을 세상과 공유하겠다는 마인드일 때 그 사람 자체가 브랜딩이 됩니다. 그리고 이를 비즈니스적인 관점으로 풀어낸다면 아주 다양한 유무형의 상품을 판매할 수 있습니다.

p.s. K는 서울대 경제학과를 졸업하고 행정고시 재경직에 합격해서 공무를 잘 수행하고 있습니다.

신체적인 저항과 심리적인 저항의 구분

누구나 한 번쯤은 '이불 킥'을 해보지 않았을까요? 밤에 침대에 누웠는데 창피한 기억이 갑자기 떠올라 부끄러움에 이불을 발로 차는 그런 행동이요.

우리는 이 반응을 대수롭지 않게 생각합니다. 일상적이고 귀여운 행동이니까요.

그런데 이 행동을 조금 다르게 바라본다면 몸이 견디질 못해서 나온 것이라 볼 수 있습니다. 기억으로부터 살아나는 그 미묘하고 간지럽고 불쾌하고 민망하고 지워버리고 싶은 느낌 말이죠. 그래서 이불을 발로 차거나 '으악!' 소리를 지르며 도망치려는 것입니다. 다

시 말해 저항했다고 볼 수 있겠네요. 바로 이 저항감이
이번 장의 키포인트입니다.

방금 묘사한 저항감은 단순히 창피한 기억에만 해당
되는 것이 아닙니다. 우리가 어떤 행동을 할 때 느껴지
는 저항감. 느낌의 종류만 다를 뿐 '몸이 저항한다'는
개념은 동일합니다.

예를 들어 누군가는 가만히 앉아 글을 쓰는 게 힘들
어서 음악을 틉니다(제가 그래요). 괜한 핑계를 대고 서
점을 다녀오거나 냉장고 문을 열어보기도 하고, 유튜
브를 보거나 방 청소를 시작하기도 하죠. 하지만 다른
누군가는 별다른 저항 없이 그날 목표한 원고 분량을
마칩니다.

우리의 목표는 '몸이 받아들이지 못하는 거부 상태(전
자)를 이완된 수용 상태(후자)'로 바꾸는 것입니다. 감정
을 달라지게 함으로써 생각이나 인식도 긍정적으로 바
뀌게 하는 거예요.

정확한 비유가 아닐지도 모르지만, 저는 이를 여름날
의 에어컨에 비유하곤 합니다. 한여름 뙤약볕 아래에서

약속 장소로 이동하다 보면 이 더운 날 괜히 약속을 잡았다 싶어 짜증날 때가 있습니다. 그런데 막상 약속 장소에 도착해 에어컨 아래에 있다 보면 세상이 다르게 보입니다. 방금까지만 해도 짜증과 귀찮음이라는 필터로 세상을 보고 있었는데 쾌적함이라는 새로운 필터로 갈아 끼워진 느낌이죠.

변한 것은 하나도 없습니다. 약속 시간, 장소, 만나는 사람은 그대로입니다. 그런데 온도와 습도 차이 하나로 약속에 대한 인식이 바뀐 거예요. '이 만남은 내게 득이 될 거야', '재미있는 하루를 만들어보자'라는 다짐을 억지로 하지 않았습니다. 그럼에도 생각이 자연스레 바뀌었네요.

한여름의 약속 비유가 와닿지 않는다면 나를 힘들게 하는 팀장을 떠올려 보세요. 없으면 가상의 팀장을 떠올려 봅니다.

은근히 혹은 대놓고 힘들게 하는 저 사람을 어떻게 대처해야 할까요? 나만 생각을 고쳐먹으면 될까요? 그것도 하나의 방법일 수 있지만 이 책에서 이야기하려는 방향은 조금 다릅니다. 억지로 생각'만' 고치면 계속해서 벽을 마주할지도 몰라요. '나도 잘못이 없는 건 아니니까 저 팀장의 짜증을 이해하자'라는 생각을 통한 강제 인식 전환은 이 책에서 이야기하는 '변화'가 아닙니다.

꾹꾹 누르는 감정은 처음에는 괜찮을지 몰라도 결국 폭발할 수밖에 없습니다. 나중에는 억울함이 가득 차죠. '힘든 건 난데, 왜 나 혼자 팀장을 이해하려고 노력해야 하지? 정작 팀장은 나를 이해하려는 아무런 노력도 하지 않는데…' 이렇게요.

생각을 생각으로 덮지 말고
그냥 얻어맞기

📌

이건 제 경험인데요. 가끔 사무실 의자에 앉아 정해진 분량의 글을 쓰는 행동 자체에 강한 거부감이 들 때가 있습니다.

집에 가고 싶고, 주변이 언짢게 느껴지기도 하고, 마감 시간이 너무 짧은 것 같고, 어제 써 놓은 글이 갑자기 하찮게 느껴지는 거죠. 사무실이 아니라 내가 좋아하는 카페에서 썼다면 진즉에 글을 끝냈을 것 같기도 하고요.

이럴 때 이성적으로 '글을 써서 생계가 유지되는 지금의 모습을 그렇게나 바랐었잖아? 정신 차려!'라고 내적 대화를 할 수 있을까요? 거북한 감정이 가득한 상황에서는 사실 이런 논리가 큰 의미 없습니다. 씨알도 먹히지 않죠. 이성적인 사고가 불가능하니까요.

그래서 생각을 생각으로 다루려는 대부분의 행동은 실패로 끝날 확률이 높습니다. 그럴 때는 초점을 '몸의 반응'으로 돌려 보세요. 제 경우 무언가를 하기 싫어서 몸이 배배 꼬일 때의 신체 반응은 다음과 같습니다.

◆ 얼굴과 목, 그리고 어깨가 경직된다.
◆ 열이 난다거나 욱신거린다거나 몸 이곳저곳이 불편하다.
◆ 감기 초기 증상처럼 집중하기 힘들고 자꾸 엉뚱한 생각을 하고 있다.
◆ 유튜브 영상을 보거나 인스타그램 릴스를 넘기고 있다. 혹은 쓸데없이 카카오톡을 열어보면서 정신을 어딘가로 매몰시키려고 한다.

위 현상과 비슷한 신체 반응을 인지했다면, 일단 아

무엇도 하지 않고 기다려보세요. 우두커니 앉아서 몸에 힘을 빼는 거죠. 불편한 부위를 스트레칭한다거나 간단하게 마사지하는 것도 좋습니다. 딱히 몸에서 느껴지는 불편함이 없고 마냥 아무것도 하기 싫은 기분만 든다면 다른 생각을 이를 없애려고 시도하지 말고, 말 그대로 아무것도 하지 않은 채 시간을 보냅니다.

저는 이럴 때 핸드폰을 뒤집어 두고 노트북도 덮어 두고 의자에 기대앉아 힘을 빼고는 눈을 감고 몸 이곳저곳에서 느껴지는 긴장을 푸는데요. 처음에는 부정적인 감정, 불쾌한 느낌 등의 저항감이 오히려 더 크게 올라왔어요. 억지로 견디며 참고 있다가 본격적으로 얻어맞는 것 같기도 하고요.

계속 얻어맞으세요. 그러면 서서히 저항감이 낮아지기 시작합니다. 잠깐 졸거나 잠에 빠질 때도 있습니다(수면은 그 자체가 이완 상태니까 많은 도움이 됩니다).

마구 흔든 식혜를 가만히 놔두면 밥알이 가라앉지요? 이처럼 미묘한 저항감이 사그라들었을 때, 다시 시작해 보세요. 보다 수월하게 시작할 수 있습니다. 조금 전에는 브레이크를 꼭 잡은 채 자전거 페달을 구르는 느낌이었다면, 이제는 브레이크를 놓은 상태에서 자전거가 앞으로 나가는 느낌이 들 겁니다.

다음 장에서는 이 '긴장과 이완'를 조금 더 파고들어 보겠습니다.

긴장 상태에서
우리 머릿속은

'긴장'과 '이완'.

긴장 상태는 저항감을 느낀다는 것이며 몸에 힘이 들어간 상태라고 생각하면 됩니다. 반대로 이완 상태는 몸에 힘이 들어가지 않은 상대적으로 편안한 상태를 말합니다.

저는 긴장 상태를 '견디는 시간'이라고 부릅니다. 긴장이라는 단어의 강한 어감 때문에 심각한 상황에서의 반응이라고 생각할 수도 있는데요. 꼭 그런 건 아닙니다. 싫어하는 사람과 대화하는 상황도 이에 해당합니다. 싫어하지만 여러 이해관계가 얽혀 있어서 잘 지내야 하는 그런 사람이라면 억지로 웃어야 하고 관심 없는 주제에도 관심 있는 척을 해야 하니까요.

얼굴 근육에 힘이 들어가고 온몸이 뻣뻣해질 것 같아요. 긴장 상태입니다. 집에 가서 쉬고 싶은데 퇴근하지 못하고 남은 근무 시간 동안 억지로 견디고 있다면 이 역시 마찬가지고요. 요지는 긴장 상태라고 해서 삶의 위기라고 할 만큼 위험천만한 순간이 아니라 일상에서 자주 접하는 흔한 상황이라는 것입니다.

반대로 이완 상태는 절친한 친구와 대화하거나 편안히 침대에 누워서 핸드폰으로 보고 싶은 콘텐츠를 고를 때의 바이브를 떠올리면 됩니다. 좋아하는 작가의 새 책을 탐독하는 느낌, 좋은 식당에서 맛있는 음식을 즐기는 분위기 등이 그렇겠지요. 꼭 개인적인 여가 시간이어야 하는 것은 아닙니다.

제 경우는 글을 쓰다가 이완을 경험하는 순간도 많습니다. 글감이 끊이질 않는다거나, 글이 술술 나온다거나, 아이디어가 마구 솟아난다거나 하는 거죠. 강연자로서 강의를 하는 중에도 가끔 이러한 감각을 느끼는데요. 참가비를 내고 참석한 사람들이 기대에 찬 표정으로 나를 바라보고 있으면 부담감보다는 '오늘은 이 주제에 대한 리액션이 좋네? 그럼 비슷한 이야기를 이어서 해볼까?'라는 생각이 떠오르는 거예요. 이럴 때 기분 좋은 이완을 경험합니다.

'그런데 혹시'라는 반박

긴장과 이완 상태의 차이를 이야기했는데요. 그럼 이제부터는 어떻게 몸의 저항을 줄일 수 있을지 알아볼게요.

우리가 몸의 긴장 상태를 인지하고 이에 대응하기 위해 쓰는 보통의 방법은 '생각을 생각으로 다루는' 방식입니다. 하지만 저는 '생각을 생각으로 컨트롤한다'는 것은 묘기에 가깝다고 생각해요.

예를 들어 청중 500명 앞에서 발표해야 한다고 해봅시다. 이를 생각하는 것만으로도 거부 반응이 일어날 수 있습니다. 심장이 조여오고 저도 모르게 승모근에 잔뜩 힘이 들어가고요. 두근거리는 느낌이 불쾌하게 온몸에 퍼지는 것 같고 떨리는 표정을 숨기고 싶은데 얼굴 근육이 펴지지 않아 억지 미소를 지으려 노력하고 있을지도 모릅니다.

이 상황에서 논리적인 사고가 효과가 있을까요? 물론 효과가 있을 수도 있습니다. 하지만 적어도 제게는 그렇지 않았어요. 그래서 이런저런 방법을 써봤지만 부족했다면 한 번쯤 제가 말하는 방법을 시도해 보는 게 어떨까 하는 것입니다.

논리적으로 사고하는 방식이 잘못되었다는 이야기가 아닙니다. '이성적으로 생각해 보자. 긴장할 이유는 하나도 없어. 내 이야기를 듣기 위해 사람들이 자발적으로 왔는걸. 나도 그들에게 도움이 될 만한 강연을 철저히 준비했어. 내 강연이 별로라고 생각할지라도 그건 그 사람들의 의견일 뿐이야. 기죽을 필요는 없어.' 이렇게 생각해서 기분이 편안해지고 자신감이 차오른다면 다행이지만 부정적 성향은 꽤 집요하더라고요.

머릿속 생각은 안타깝게도 우리 편이 아닙니다. 제 경우에는 '그런데 혹시'라는 생각으로 끊임없이 저를 괴롭히더라고요. '그런데 혹시'는 파괴할 수 없는, 참

악랄한 표현입니다. 앞서 말한 논리적인 사고로 저 자신을 다독이고 있을 때 불쑥 찾아오죠.

- ◆ 그런데 혹시, 답할 수 없는 질문이 날아온다면?
- ◆ 그런데 혹시, 참석자 중에서 나보다 더 잘 아는 사람이 있으면?
- ◆ 그런데 혹시, 내 옷차림이 너무 올드하다면?(혹은 너무 과하다면?)
- ◆ 그런데 혹시, 내가 여유로운 척하고 있는 걸 누군가 알아챈다면?
- ◆ 그런데 혹시, 커리어에는 별 도움이 되지 않는 강연 준비에 시간을 쏟고 있는 것이라면?

이런 식의 생각이 들면 결국 싸움이 시작됩니다. 우리는 논리를 통해 '그런데 혹시'라는 생각을 진정시키고자 하죠.

하지만 절대 이 생각과 싸우지 마세요. 논리로 싸워서 이긴 사람을 본 적이 없습니다. 아무리 논리로 무장하더라도 '그런데 혹시'라는 생각 프로세스가 굴러가는 순간, 이미 지는 게임입니다.

헤라클레스와 히드라 이야기를 알지요? 헤라클레스는 '히드라'라고 불리는 머리가 여러 개 달린 뱀 모양의 괴물과 싸우게 됩니다. 히드라는 입에서 독을 뿜고, 머리를 이용해서 공격해요. 여기까지는 히드라도 그냥 흔한 괴물입니다. 하지만 문제는 머리를 칼로 잘라내면 그 자리에 더 많은 머리가 생겨난다는 거예요. 아무리 머리를 베어도 오히려 베어야 할 머리의 개수가 계속 늘어나지요.

우리의 생각도 그렇습니다. '그런데 혹시…'에 해당하는 생각에 대응하면 할수록 부정적인 생각, 불안을 일으키는 의문이 더 많이 더 빠르게 피어오릅니다. 예를 들어보면요.

'그런데 혹시, 여기 있는 사람 중에서 나보다 더 잘 아는 사람이 있으면 어떻게 하지?'

이에 대해 '어쩔 수 없지, 뭐. 부족한 건 인정하고 이를 기회로 삼아서 다음을 준비해야지'라고 논리적으로 대응을 했다고 해봅시다. 그렇다면 이제 저 생각은 잠잠해질까요? 일시적으로는 그럴 거예요.

하지만 시간이 조금 지나면 다시 날뛰기 시작합니다. 베면 벨수록 계속 생기는 히드라 머리처럼 불안한 상황에서 생각은 증식됩니다.

◆ 내일 강연에 참석자가 수백 명인데, 그들에게 부정적인
   이미지가 각인된다면 내게 다음 기회가 있을까?
◆ 준비를 더 완벽하게 한 뒤에 강연하는 것이 맞지 않을까?
◆ 이 주제에 반감 있는 사람들이 문제를 제기하지 않을까?
◆ 핑계를 대고 강연 주제를 바꿀까?

부정적인 생각은 기다렸다는 듯이 더 어려운 질문을 몰고 옵니다. 그렇다면 언제까지 '질문→대응'이 반복될까요?

지쳐 쓰러질 때까지 반복됩니다. '완벽하게 준비한 후에 시작해야 한다', '일단 시작이 중요하다' 둘 다 각각의 맥락에서는 옳은 말이지요. 충분히 알아보지 않고 일을 벌였다가는 부정적인 이미지만 각인시키거나 금전적으로 빚이 남는 경우도 허다하고, 반대라면 준비만 하다가 기회를 놓칠 수 있으니까요.

오랫동안 혼자만의 망상과 걱정에 빠지게 되면 침착한 사고 흐름을 유지하지 못하고 이 양극단의 걱정을 오가게 됩니다. 스스로 사고 흐름을 제어하는 것이 아

니라 더욱 큰 혼란에 빠지는 것이죠.

생각을 생각으로
맞서지 마세요

📌

이쯤에서 이런 의문이 떠오를지도 모르겠네요.

"그런데 혹시'가 주는 긍정적인 효과가 있지 않을까? 더 완벽
하게 준비할 수 있게, 나태해지지 않게, 위험에 빠지지 않게
나를 도와주는 생각이 될 수 있잖아.'

물론 맞는 말입니다. 그런데 제가 지금 꼬집고 있는
상황은 '알아도 어찌할 수 없는 생각'이라고 이해하면
됩니다. 닥치기 전까지 아무도 알 수 없는, 준비할 수도
예측할 수도 없는 상황에 대해 과도한 정신적 스트레스
를 일으키는 생각을 말하는 거예요.

대표적인 예로 '마킹 공포증'이 있습니다. 각종 시험,
흔한 예로는 수능을 치르고 난 뒤에 찾아오는 '마킹병'

이 그중 하나인데요. 보통 수험장에서는 시험이 끝나면 답을 마킹한 수험자의 OMR 카드를 걷어가고, 시험지는 집에 가져와 온라인에 공개된 답안지를 보고 채점을 하게 됩니다(아닌 시험도 있지만요). 이때 본인의 점수를 알았을 때 생각보다 잘 봤다거나 목표한 점수가 나왔다면 떨 듯이 기쁘죠.

그런데 이때부터 불안에 떠는 사람들이 있습니다. 이유는 '마킹을 제대로 했는가?'에 대한 걱정 때문인데요. 이미 제출했기에 본인이 더 이상 할 수 있는 일이 없는데도 생각이 가만두질 않는 거예요. 제출 전에 확실하게 검토했고 마킹 실수를 해본 적 없는 사람일지라도요. 시험을 보던 때를 계속 떠올려 OMR 카드가 바닥에 떨어졌을 때 혹시 얼룩이 묻지 않았을까 걱정이 되기도 하죠. 제삼자가 보기에는 말도 안 되는데 본인은 심각해요. 컴퓨터용 사인펜을 쥔 채 시험지를 넘기다가 OMR 카드에 콕하고 점을 찍은 것 같은 기억 왜곡도 일어나고요. 이때 우리는 논리적인 반응을 할 수 있습니다.

'나는 한 번도 실수한 적이 없어. 만약 얼룩이 묻거나 점을 찍었다면 내가 모르지 않았을 거야'

합리적이고 차분한 대응입니다. 하지만 생각은 쉽게 포기하지 않습니다.

- 🔶 지금까지 실수가 없었다고 이번에도 실수가 없었을까?
- 🔶 바닥에 OMR 카드가 떨어졌을 때 얼룩이 묻었다면 내가 모를 수도 있잖아.
- 🔶 혹시 뒷사람이 OMR 카드를 걷어가다가 내 카드에 얼룩이 묻었다면 어떡하지?

말도 안 되는 것 같지만, 이런 심리 상황에서는 말이 되는 불안함이 계속해서 터져 나옵니다.

이 싸움에 응하지 않는 것이 최선입니다. 하지만 우리는 생각을 생각으로 다루는 방식에만 익숙하지요. 상사에게 부당한 대우를 받은 경우를 생각해 봅시다. 순간적으로 분노가 끓어오르며 온갖 생각이 꼬리에 꼬리를 물고 이어질 때 '팀장님이 요즘 많이 예민한가 봐. 하긴 나도 가끔 별일 아닌데 괜히 화가 머리끝까지 나는 그런 날이 있잖아? 팀장님도 많이 지쳤겠지. 내가 이해하자. 사실 욕 한번 먹었다 뿐이지, 실질적인 피해는 없잖아?' 이런 식으로 스스로 다독일 겁니다. 그리고 이런 일은 회사뿐만 아니라 부부, 친구, 연인, 가족 등 가까운 사이에서도 자주 벌어질 만한 상황이에요.

생각을 생각으로 대응하는 이와 같은 방식을 썼을 때 바로 수긍하며 감정이 차분해진다면 좋겠지요. 하지만 역효과가 나는 경우가 더 많습니다. '왜 나 혼자 항상 끙끙대야 해?', '피해준 쪽은 아무 생각이 없는데, 왜 오히려 내가 저 사람의 마음을 이해해야 해?' 하는 마음이 드는 거죠. 억울해지면서 화가 나기 시작합니다.

이완을 통해 혼자 꾹 참으라는 이야기가 아닙니다. 이완은 '내가 말하지 못해서 혹은 표현하지 못해서 몸부림치는 상황'으로부터 조금씩 벗어나는 것을 목표로 하는 겁니다.

그렇다면 신체가 긴장 상태로 돌입하여 불쾌한 감정(생각)과 이를 억누르려는 반박이 많아지는 순간에 이완을 통한 대처 방법은 어떻게 하는 걸까요?

우선 생각을 생각으로 맞서는 시도를 하지 마세요. 생각은 제멋대로 지껄이면서 우리의 참전을 원할 겁니다. '그런데 혹시'라는 교묘한 문법을 이용해서 시비를 걸기 시작하지요.

이 싸움에 넘어가지 마세요. 이를 잠시 멀리 밀어 두세요. 가령 은근히 나를 깔보는 듯한 친구에게 무시당했다는 생각이 들면 분노가 온몸을 휘감을 거고, 계획한 일의 결과가 좋지 않다거나 기대만큼 반응이 없으면 허탈함, 우울함, 억울함과 같은 감정이 들겠지만 생각이 생각으로 이어지지 않게 조금만 시간을 두는 겁니다(쉬워 보이지만 사실은 어려울 수 있습니다).

시간 텀을 두는 구체적인 방식은 다음에서 더 자세히 알아보겠습니다.

◯ 심리적인 장벽을 마주한 상황에서 이완

지금 몸에서 거부감이 느껴진다면 체크해 보세요. 머릿속에 남은 기억에 집중하는 게 아니라 '신체 감각'에 집중하라는 의미입니다.

저는 긴장이 대부분 얼굴과 가슴 부위에서 느껴집니다. 얼굴 근육, 특히 하관이 조금 아프기도 하고 가슴이 빨리 뛰거나 전신에 힘이 들어가 있습니다. 나도 모르게 이를 꽉 문다거나 손을 꽉 쥐고 있다거나요. 내 신체가 무언가에 저항하고 있다는 증거입니다.

어린아이가 유치원에 들어가기 싫어 유치원 정문을 잡고 버티는 장면을 상상해 보세요. 이 아이는 본인이 싫어하는 것에 대해 온몸으로 저항합니다. 브로콜리를 먹기 싫어서 입을 꾹 다물고 있는 아이도 비슷합니다.

저도 여러분도 이 아이와 다르지 않습니다. 사회적인 체면 때문에 울고불고 떼 쓰지 못할 뿐 신체적인 반응이 나타나는 것은 똑같습니다.

감정이 격해진 상황에서 초점을 '생각'이 아니라 '몸'에 두어 보세요. 그리고 이 저항을 수치로 표현해 보세요. 0이 가장 편안한 이완 상태이고 10이 가장 격렬한 거부 반응이라고 할 때, 몸의 저항감이 어느 정도의 수치로 느껴지는지를 주관적으로 체크하면 됩니다.

정답은 없습니다. 반복해서 기록하다 보면 저항감의 스펙트럼이 넓어집니다. 무슨 뜻이냐 하면 처음에는 7~8 정도의 저항감이라고 생각했는데, 나중에 훨씬 더 큰 저항감을 겪으면서 예전의 7~8 정도라고 생각했던 저항감이 사실은 3~4 수준이었구나, 라는 인식의 전환이 일어날지도 모른다는 뜻입니다. 그러므로 기록된 숫자보다는 스스로 저항감 지수를 측정해 봤다는 것이 중요합니다.

지금까지는 이 불쾌한 감정을 온몸으로 저항하거나

이불 킥한다거나 불편한 느낌이 싫어 음악으로 망상으로 친구와의 수다로 도피했다면 이번만큼은 온전히 그대로를 느껴보세요.

불쾌한 몸의 반응을
숫자로 표현하라

📌

앞서 저는 얼굴과 가슴 부위에서 거북한 반응이 느껴진다고 했습니다. 저마다 느껴지는 저항감의 부위와 현상이 다를 텐데요. 누군가는 어지러움을 느끼거나 손이 차가워질지도 모릅니다. 또 허리가 구부정해지고 온몸에 힘이 들어가는 사람도 있을 겁니다. 목이 뻐근하거나 눈 주위가 아려오는 사람, 저처럼 잇몸 근처의 근육이 당기는 사람, 다리를 떨기 시작하는 사람, 무작정 핸드폰을 집어 드는 사람 등 어떤 현상이든 지금의 불편한 기분으로부터 도망치려는 몸의 저항 반응입니다.

이해를 돕기 위해 과외를 하던 당시, 제가 봐왔던 학생들의 '몸의 저항'을 보면 다음과 같습니다.

◆ 저항감이 큰 과목일수록 좀이 쑤셔 가만히 있지를 못하고 몸이 경직됨.

◆ 특정 신체 부위에서 긴장이 느껴지기보다는 전반적으로 미묘한 불편함이 가득 차 보임.

◆ 더운 여름날의 불쾌함처럼 민감해지고 호흡이 얕아짐.

◆ 이를 꽉 깨물거나 한쪽 다리에 힘을 주는 등 몸에 과하게 힘이 들어감.

◆ 수업 내내 억지로 참으며 견디는 듯한 긴장이 느껴짐.

◆ 시선이 낮아지고 얼굴 근육이 경직됨.

　창피 당했던 과거의 기억에 대해 '그때 경험이 지금의 나를 만들어 준 거잖아. 결과적으로는 잘된 일이야'라는 식의 어쭙잖은 위로를 건네지 않고, 당시의 기억이 주는 아픔이 몸 어디에서 느껴지는지를 확인하고 수치화하는 연습이 필요합니다. 회피하고 싶은 느낌을 마주한다는 것은 기분 좋은 일은 아니지만요.

　과거의 기억을 떠올리면 순간적으로 기분이 다운되면서 관련 있는 여러 기억이 같이 떠오르기도 할 겁니다. 기억은 생각이잖아요. 거듭 말하지만 쏟아지는 생각, 기억으로부터 초점을 거두고 몸의 반응에 집중해

봅니다. 내 몸 어디에서 어떤 거부감이 느껴지는지를 위주로 체크하는 것이죠.

딱히 거부감, 긴장, 불편함이 느껴지는 부위 없이 몸 전체가 간질하다거나 불쾌한 감각이 느껴질 수도 있는 데요. 그렇더라도 어느 부위가 불편한지를 찾아 그 미묘한 불편함을 최대한 수치화해 보도록 합니다.

경직된 몸을 이완하는
'자율훈련법'

제가 가장 좋아하는 이완법은 독일의 '자율훈련법' 입니다. 양팔, 양다리, 복부, 이마…, 각 부위의 긴장을 하나씩 풀어나가는 이 방법은 이완을 유도하는 능력을 길러줍니다. 저는 독일의 요한네스 슐츠 박사의 이완 프로세스를 간단하게 압축해서 사용합니다. 제가 사용하는 이완법을 설명해 볼게요.

먼저 눈을 감고 편안하게 의자나 소파에 등을 기댑니다. 침대에 누울 때도 있습니다. 그다음 호흡을 가다듬으며 몸 구석구석 힘을 빼기 시작합니다. 이때 인지하지 못했던 경직이 느껴지곤 하는데요. 그렇게 몸을 축 늘어뜨린 다음, 가볍게 양팔과 양다리의 무거운 감각(중감)과 따뜻한 감각(온감)을 유도합니다.

그러니까 '오른팔이 무겁다', '오른팔이 따뜻하다'라는 문장을 의도하며 속으로 읊습니다. 이상한 행동 같지만 숙면할 때의 신체 반응과 유사합니다. 극적인 반응이 올라오지 않아도 상관없다는 생각으로 (실제로 큰 상관없고요) 천천히 '오른팔→왼팔→왼 다리→오른 다리' 순서로 3~7번 정도 반복하며 이완을 유도합니다. 저는 신체 저항이 큰 상태일수록 횟수를 늘리는 편입니다. 천천히 숨을 들이쉬고 내뱉으며 진행하다 보면 생각보다 시간이 더 오래 걸릴 때도 있습니다.

오른팔이 무겁다(3번)

↓

오른팔이 따뜻하다(3번)

↓

왼팔이 무겁다(3번)

↓

왼팔이 따뜻하다(3번)

↓

오른 다리가 무겁다(3번)

↓

오른 다리가 따뜻하다(3번)

↓

왼 다리가 무겁다(3번)

↓

왼 다리가 따뜻하다(3번)

별다른 감흥이 느껴지지 않을 때도 있고, 팔다리가 진짜로 따뜻해지고 무거워지며 졸고 있거나 잠에 들기도 합니다. 마무리는 항상 온몸 구석구석 긴장된 근육이 편안하게 이완되고 있으며 평온함이 퍼져나가고 있다며 몸과 마음을 다독이는 것입니다. 저는 이 이완법을 할 때마다 미묘한 불편함과 간지러움이 올라오기도 하고, 복부에 힘을 주고 있었다는 것을 깨닫기도 합니다.

꼭 이 방식이 아니더라도 본인만의 '신체 이완' 루틴 만들기를 추천합니다. 마사지도 좋고 앉은 자리에서 몸을 단순하게 움직이면서 경직된 근육을 이완하는 것도 한 방법이겠지요. 여기에 하나 더, 복잡하지 않고 실천하기에 제일 쉬운 방법을 소개해 볼게요.

의자에 바른 자세로 앉아 눈을 감고 온몸의 힘을 뺍니다. 그리고 숨을 들이쉬고 내뱉으면서 호흡을 느껴봅니다. 지금 다가오는 불쾌함을 '더 깊숙이 들어와라, 끝까지 느껴보겠다'라며 말 그대로 그것을 허용하는 마음가짐을 갖는 것입니다. 온탕에 들어갈 때처럼요. 처음에는 정말 뜨거운데 용기 내서 꾹 참고 안에 들어가면 서서히 그 온도에 적응이 되잖아요. 우리의 다양한 거부 반응과 저항감도 이와 유사하더라고요.

이완 연습은 마치 수영장이나 바다에서 떠오르기 위해 힘을 빼는 작업과도 비슷합니다. 처음에는 두렵습니다. 알다시피 수영을 하려면 몸이 물에 가라앉을 것 같아도 힘을 빼야 하니까요.

힘을 빼면 어느새 몸이 두둥실 떠오르지요. 이완은 이처럼 평소 피하려 했던 그 불편한 감각을 스스로 환영할 용기, 온전히 힘을 뺀 채로 마지막까지 느껴볼 용기에 관한 것이기도 합니다.

이를 반복하다 보면 상황과 사람에 대한 몸의 반응이 달라집니다. 처음에는 대상을 떠올리는 것만으로도 온몸에 힘이 들어갔다면, '긴장-이완' 연습만으로도 그 대상이 주는 불쾌한 느낌이 줄어듭니다. 몸의 저항이 예전만큼 격하지 않다는 의미인데요. 저는 견디기 힘들지라도 꼭 10분은 채우려고 노력해요. 그럼 신기한 일이 벌어집니다. 억지로 생각을 긍정적인 방향으로 틀기 위해 애쓰지 않아도 그 대상이 미치는 부정적인 영향력으로부터 조금씩 벗어날 수 있게 됩니다.

앞서 이야기한 제 고등학교 시절의 일화로 돌아가 볼게요. 자습실 입구 쪽 자리, 여기에서 저는 보란 듯이 문제집을 펼쳐놓고 친구와 선생님 등 지나가는 이들 앞에서 발가벗겨진 기분을 마주했습니다. 창피하고 후회스럽고 제 가치가 땅에 떨어지는 느낌이 들더라고요.

하지만 이때 머릿속 생각으로 도망치진 않았습니다. 자책이나 합리화로 회피하지 않고 배배 꼬이는 몸, 딱딱해지는 얼굴 근육, 구부정해지는 허리, 당당하게 펴지 못하는 어깨 등 신체적인 반응에만 집중했습니다. 다시 자세를 곧게 만들고 몸 구석구석에서 느껴지는 긴장을 최대한 풀어놓고서 가슴 두근거림을 최대한 언어맞아 보겠다는 마음으로 환영했지요. 몸의 긴장이 다시 올라오면 오징어처럼 힘을 쭉 빼고 '더 와봐, 계속. 끝까지 느껴볼게. 다 소진될 때까지'라는 마음으로요.

처음에는 불쾌하고 불안한 감정, 부정적인 생각이 저를 압도했습니다. 하지만 그럴수록 몸에 더 집중했습니다. 그렇게 경직 반응을 풀어내며 기다리면 수영장에서 몸이 물에 붕 떠오르는 것처럼 '딸깍!'하는 순간이 옵니다.

이 딸깍의 순간을 글로 묘사하는 게 쉽지 않네요. 한순간에 생각이 고요해지면서 시끄럽던 마음에 여유가 조금씩 스며듭니다. 다 틀린 문제집에 대한 창피함과 도망가고 싶은 반응은 줄어들고 '문제집' 그 자체가 인지되는 겁니다.

저는 이완을 연습하며 처음으로 "와, 일곱 개 중에 한 개 맞았어. 서울대 가겠는데? 선행한 얘들아, 나 좀 가르쳐봐."라며 농담을 던졌던 기억이 아직도 생생합니다. 스스로를 희화화하기 위한 개그가 아니었습니다. 일곱 개 중에 한 개 맞았다는 것에 대한 친구들의 반응을 개의치 않았기에 저절로 튀어나온 말이었습니다.

농담을 던지고 난 뒤에서야 달라진 제 태도를 발견했습니다. 이때 느낀 자유로움은 돈을 주고도 살 수 없다고 생각합니다.

기대에 미치지 못한다는
두려움, 현실 부정

📌

'나에 대한 과도한 기대'. 당연히 성공할 거라 말하는 나의 입시에 대한 부모님과 동네 지인의 부담감도 불쾌한 상황에서 일어나는 몸의 저항과 비슷한 방식으로 이완을 연습했습니다.

그때까지는 실망하거나 무시하는 듯한 그들의 은근한 표정이 떠오르면서 나만 뒤처지는 기분이 들면 이를 반박했습니다.

"아니야, 동기부여 영상에서 나보다 성적이 낮았던 사람도 2년 만에 1등급이 됐다고 했어. 나도 충분히 가능해."

이렇게요. 하지만 이완을 하면서부터는 반응하지 않았어요. 머릿속의 지껄임은 내버려두고 몸의 불편함에 초점을 옮겼습니다. 그때 부모님에 대한 복합적인 감정이 몸에서 느껴지기도 했어요. 심장이 두근거리고 갑자기 팔과 다리의 근육이 조여오는 긴장감이 올라오기도 했지요. 그때에도 최대한 힘을 뺀 채 끝까지 느껴봤습니다. 실망한 부모님의 얼굴이 떠올랐지만 거부하지 않고 받아들였습니다. 지금 느끼는 조바심, 죄송함, 우울함, 자괴감을 마지막 한 방울까지 모조리 느껴보겠다는 의도였습니다. 그리고 이 연습을 반복하다 보니 예전만큼 부담감이 생기지 않았습니다.

오해하지 마세요. 이완 연습은 '포기'와는 전혀 상관 없습니다. 포기하고 살아가도 된다는 뜻이 절대 아닙니다. 저는 오히려 목표에 다다를 확률을 높이기 위한 수단으로써의 이완을 이야기하는 겁니다.

직장인 대상 설문에서 스트레스 요인 1위로 항상 꼽히는 것이 인간관계입니다. 업무는 생각보다 스트레스가 크지 않다고 해요. 문제는 얽히고설킨 다양한 관계로부터 오는 숨 막히는 분위기라는 겁니다.

공부도 이와 비슷합니다. 어떤 공부든 그 자체는 단순한 반복일지 모릅니다. 문제는 반복과정에서 만날 수밖에 없는 다양한 감정이며, 이완을 통해 이를 하나씩 편안함의 범주로 편입시킬 수만 있다면 오히려 목표하

는 바에 다가가기 쉬울 거라는 겁니다. 적어도 저에겐
이 방식이 통했어요.

해볼 만큼 다 해보고
받아들이자

📌

이완은 막연한 두려움과 미래에 대한 불안 등 애매
모호한 주제에도 얼마든지 적용할 수 있습니다. 제가
좋아했던 야구 만화에서 예를 들어볼게요(기억이 가물가
물한 부분은 각색했어요).

중학교 3학년 A와 B는 각별한 친구입니다. 둘 다 프
로 야구 선수를 목표로 야구 명문 고등학교 진학을 희
망합니다. 문제 상황은 그 고등학교의 실기시험 당일에
벌어집니다. 지원자들을 1:1로 경쟁시켜 승리한 이가
합격하는 구조였거든요.

그리고 (이야기 흐름상 당연히) 그 두 친구가 붙습니다.
둘 중 하나는 무조건 떨어지는 상황이죠. 둘 다 표정이
어두워지고 어떻게 해야 할지 난감합니다. 상대를 바꿔

달라고 요청해도 들어줄 리가 없지요.

당황하는 A.

"떨어지면 어떻게 하지…. 프로 선수가 되기 위해서는 무조건 이 학교에 입학해야 하는데…."

이때 B가 평온한 표정으로 말합니다.

"떨어지면 집 주변의 보통 고등학교에 가면 돼."

이 말을 듣고서야 A도 미소를 짓습니다.

"그렇네, 그러면 되네."

앞뒤 맥락 없이 글로만 전달해서 '이게 다야?'라고 할 것 같은데요. 저 짧은 순간 A는 보통 고등학교 진학이라는 평범한 삶에 대한 저항을 허용했습니다. 즉 '원치 않는 미래'에 대한 거부감을 진심으로 받아들였기 때문에 생겨난 내적 변화이지요.

저는 이러한 내적 변화를 잘 받아들이는 사람들을 좋아합니다. 이런 사람들을 항상 주변에 두려고 노력해요. 제가 좋아했던 예전에 같이 일했던 팀장님은 팀 분위기가 다운되거나 실적이 예상보다 좋지 않으면 이런 말을 하곤 했습니다.

"이거 다 말아먹으면, 그냥 소소하게 아르바이트하면서 살면 돼. 요즘 시급 잘 주더라. 마트에서 삼겹살

사다가 집에서 구워 먹으면 얼마 안 해. 고기반찬 매일 먹을 수 있어. 하하하."

이 말은 철없이 현실에 안주하자는 이야기가 아니라 '해볼 만큼 다 해봐도 안 되면 어쩌겠어, 받아들여야지' 라는 메시지라는 걸 알겠지요?

대학생 합동 창업 학회에 들어갔을 때였습니다. 여러모로 저와 잘 맞아서 운영진도 했어요. 당시 저는 교육 비즈니스를 작게 운영했는데 창업이 아닌 취업을 선택하는 절대다수의 친구를 볼 때면 조바심이 올라오곤 했습니다. 그럴싸하게 '교육 비즈니스'라고 포장했지만, 실은 과외를 조금 더 광범위하게 하는 수준이었고 집중력(몰입)에 도움을 주는 앱을 MVP(Minimum Viable Product)● 수준으로 출시해서 사무실도 없이 팀원끼리 카페에서 회의하는, 실상은 소꿉장난일지도 모를 일을 직업으로 삼았으니까요.

'동기들은 취업하거나 전문직 시험에 합격하는 등

● 구현하고자 하는 제품의 핵심적인 가치를 골라 최소한의 기능만을 담아낸 '최소 기능 제품'

다들 미래를 위해 승승장구하는데, 나는 아무것도 이룬 것이 없네. 날 비웃으면 어떡하지?'라는 생각이 들었습니다.

어떻게 할까요? 다들 나를 비웃으면요. 이에 대한 지극히 개인적인 제 답변은요. 비웃음당하면 됩니다. 이게 무슨 소리냐는 이들도 있을 겁니다. 존경과 인정을 받아야 하고 '실패는 없다'는 마인드가 성공의 법칙이라고 믿는 사람들이 비교적 많으니까요.

하지만 비웃음당해도 상관없다는 마인드는 오히려 저항감을 크게 낮춥니다. 포기가 아니라 심리적인 브레이크(압박감, 조바심, 비교, 열등감)를 하나씩 해제합니다. 눈앞의 일에 몰입할 수 있도록 돕습니다.

제가 좋아했던 그 팀장님은 꿈에서 문제에 대한 답이 나온다고 할 정도로 종일 눈앞의 일에 집중했습니다. 저도 그분을 통해 간접적으로 많이 체험했지요. '반드시 원하는 만큼의 돈을 벌어서 남부럽지 않게 살아야지'라는 생각이 가득 차 있다면 발휘할 수 없는 집중력이었습니다.

이 말이 하나 마나 한 소리 같고 언짢게 느껴질 수 있습니다. 저도 과거에 그런 생각을 했기에 잘 알고 있어요. 당시에는 "요즘 뭐 하고 지내?"라는 지인들의 질문에 '비웃음 당해도 상관 없다'는 마인드가 잘 되지 않았거든요. 나를 부풀려서 말하고 자괴감을 느끼기도 했죠. 그런데 그럴 때 오히려 부딪쳐보자는 다짐과 함께 "요즘 준비하는 게 잘 안되는 것 같아서 걱정이 많아." 이렇게 솔직하게 이야기하는 것도 방법일 수 있다는 거예요.

내 삶이 반짝이지 않을 수 있다는 것을 진심으로 받아들여 보세요. 거부감이 들고 저항이 거셀 수 있지만 며칠, 몇 주, 아니 몇 달이 걸리더라도 받아들일 수 있다면 진짜 홀가분해집니다. 집중의 질이 달라져요. 아이디어가 나오는 통로가 넓어진 기분이 듭니다.

여기까지가 '몸의 저항'에 대한 설명입니다. 짧지 않은 설명에 반복되는 내용이 많아 지루했을지도 모르겠습니다. 긴 분량을 할애해서 저항감을 다루는 방법을 이야기한 까닭은 '나만의 무언가'를 만들려는 이들이 심리적인 장벽을 마주할 때마다 헤쳐갈 수 있는 작은 무기 하나를 쥐여주기 위함입니다.

나만 진심인 건가?

대학 시절 '스타트업 창업'을 목표로 하는 이들과 대화하면 가끔은 허탈해지곤 했습니다. 그들 대부분이 아주 부유한 환경에서 자랐는데요. 여기서 말하는 '아주'는 당연히 10~20억 원 수준이 아닙니다. "쟤는 집안일을 도와주는 가사도우미분만 두 분이야." 이런 말을 하는데 진담인지 농담인지는 모르겠으나, 아무튼 제 허탈함의 이유는 그들과 나를 비교하며 '왜 우리 집은 돈이 없을까'와 같은 고민이 아니었습니다.

사실 그런 종류의 고민은 거의 해본 적이 없습니다. 돈은 없어도 부모님 나름대로 자식인 저에게 최선을 다 해오신 걸 바로 옆에서 지켜봤기 때문입니다.

허탈함은 사실 '나만 진심인 건가'라는 생각으로부터 시작되었습니다. 그들은 '스펙 한 줄'이라거나 '한

번쯤 경험하면 좋은 일'이라거나 '취업은 멋없고 대표
직함은 멋지니까' 이 길을 선택했을지 모른다는 생각
에 허탈해진 것이죠.

조금이라도 재미가 없어지거나 실적이 잘 나오지
않으면 그들은 곧장 그만둘지도 모른다는 판단. 저는
안전할 수 있는 선택지들을 모두 물리치고 스몰 비즈
니스 한번 해보겠다고 뛰어들었는데, 누군가에게는
취미의 영역일 수 있다니! 흐으.

그리고 일 년 뒤 제가 얼마나 멍청한 생각을 하고 있
었는지, '모든 것을 갖고 태어난 이들'에 대한 편견이
얼마나 깊게 뿌리박혀 있었는지 자연스레 깨닫게 되
었습니다. 제 오만함의 기록이죠.

그들과 함께 일을 시작하고 나니 오히려 저야말로
'열심'의 기준이 그들보다 낮다는 생각이 들었습니다.
아직도 기억나는 일화 하나.

나이가 가장 많은 팀원에게 국내 거주 중인 외국인
들을 대상으로 설문을 따 오는 작은 미션을 내주었습
니다. 사실 이미 표본을 다 수집해 둔 후여서 카톡이나

메일로 구글 폼 링크만 전달하면 그만인 일이었지요. 하루면 다 할 수 있는 일이라 나름 연장자에 대한 배려였는데요. 그런데 거의 일주일이 걸려서 의아했어요.

알고 보니 표본이 있다는 것을 몰랐던 그가 매일 퇴근 이후 홍대에서 강남까지 길이나 카페에서 외국인들을 찾아 직접 인터뷰를 따온 것이었습니다. 이런 미션을 내어준 나에 대한 원망, 더 나아가 '허드렛일'에 가까운 일인데도 자존심 상해하거나 불평이 하나도 없었다는 점이 저를 놀라게 했습니다. 괜스레 눈물이 핑 돌았지요.

물론 아닌 사람들도 있었어요. 스펙 한 줄을 위해 '찍먹'하는 사람도 있었죠. 하지만 그와 반대로 목숨 걸고 일하는 사람도 많았습니다.

아무도 대놓고 언급하지는 않았지만 이십 대 중후반에서 서른 초반 정도의 시기에 커리어가 붕 뜨게 되면 그나마 갖고 있는 학력 이점이 의미 없어질지도 모른다는 것을 다들 잘 알고 있었습니다. 그래서 '잃을 것이 있는 사람은 행동하게 된다'고 하는 것 같아요.

결과적으로 누군가는 대성했고 다른 누군가는 실

패했습니다. 누군가는 실패를 반복하다가 취업으로 눈을 돌렸으며 누군가는 취업했다가 그만두고 사업으로 돌아왔죠. 그러나 진심이었던 마음은 다들 같았습니다. 그런데 왜 저는 저만 진심일 거라고 생각했을까요?

지금도 심각하지만, 당시에도 홍대병 그리고 중2병이 심각했던 나.

"우리는 열심히 하는 것이 직업이 아니야. 잘하는 게 직업이지. 열심히 한다고 누가 알아줄 거라고 생각하면 안 돼."

한 번씩 웃자고 이 말을 던지곤 했는데요. 이 말이 기억에 남는다는 친구가 있습니다. 첫인상은 솔직히 그저 그랬는데, 저 말을 듣고 저에게 강한 호감을 느꼈다고 해요. 사실 저 대사는 《원 아웃》이라는 야구 만화에 나오는 대사입니다. 하하.

인풋과 아웃풋이
요구하는
컨디션의 차이

인풋은 일반적으로 정보의 습득을 의미합니다. 아웃풋은 반대로 나로부터의 출력값을 의미해요.

예를 들어 소설가에게 인풋이란 다양한 책을 읽고 자료 조사를 하는 것이고, 아웃풋은 본인이 직접 쓴 소설을 말합니다. 수험생이라면 인풋은 강의를 듣고 암기하는 것이고, 아웃풋은 질문에 답하는 것이 될 겁니다.

저는 이 둘을 명확하게 구분해야 한다고 생각합니다. 두 단어 사이에 요구되는 컨디션의 차이가 존재하거든요.

마이너스 컨디션,
제로 컨디션,
플러스 컨디션의 차이

마이너스 컨디션, 제로 컨디션, 플러스 컨디션. 제가 명명한 이 용어들에 대해 부가 설명을 먼저 하겠습니다.

여기에서 말하는 '마이너스 컨디션'은 현실을 직면할 에너지가 부족한 상태를 의미합니다. 유튜브 쇼츠를 끝도 없이 보고 게임이나 음악에 심취해 있는, 즐기는 수준을 넘어 멈출 수 없는 상태를 말하죠.

잠시라도 음악이 없으면 안 되고, 어떤 영상이라도 재생되고 있어야 한다거나, 잠들기 전 핸드폰을 붙잡고 스크롤을 계속해서 내리는 모습을 떠올리면 됩니다.

마이너스 컨디션에서는 의지대로 자극을 멈추는 것이 매우 힘듭니다. 저는 이런 음악 중독 상태를 종종 겪곤 하는데요. 상처를 받았다거나 불안한 마음에 현실에서 도피하려고 음악이나 영상 등 이것저것 재생하곤 하곤 해요. 반대로 아주 신나는 일이 생겨도 마찬가지입니다. 신나는 기분에 맞는 음악을 틀어 좋고 노래 가사에 저 자신을 대입합니다. 이 감정에서 벗어나는 것이 힘들 때도 있습니다.

'제로 컨디션'은 말 그대로 0이라는 의미로 딱히 자극이 없어도 현실에 머무는 것이 어렵지 않은 상태를 말합니다.

음악이나 유튜브 영상을 틀어두지 않아도 설거지를 할 수 있고 핸드폰 없이 혼자 밥을 먹을 수 있어요. 조용한 장소에서 독서에 몰입할 수 있는 것도 이에 해당한다고 봅니다.

실수로 에어팟을 충전하지 못했거나 까먹고 집에 두고 나왔을 때 저는 버스나 지하철에서 사람들의 대화, 열차의 덜컹거리는 소리를 들으며 '지금, 이 순간'에 의식이 머무를 때가 있습니다. 지루하고 따분하다가도 조금씩 몸에 힘을 빼고 이 어색함에 마음을 맡기면 얼마 지나지 않아 감각이 조금씩 깨어나는 것을 느끼곤 해요. 나도 모르게 굽은 자세로 움츠려 있었다거나 괜히 몸에 힘이 들어가 있었다거나 하는 것을 깨닫고 오감이 미세하게 민감해지는 기분이 드는 거죠.

마지막으로 '플러스 컨디션'입니다. 플러스 컨디션에서는 아웃풋이 가능합니다. 아웃풋에 관해서는 '읽는 공부'와 '쥐어짜는 공부'로 설명을 시작하겠습니다.

솔직히 읽거나 듣는 공부는 어렵지 않습니다. 글은 읽고 선생님의 설명은 그냥 들으면 되니까요. 우리 뇌도 상대적으로 편안하죠. 습득하면, 그러니까 받아들이기만 하면 되거든요. 눈과 귀를 열어두고 감각을 인지하고 있으면 충분합니다.

문제는 쥐어 짜내야 하는 공부예요. 누군가 내가 읽던 한국사 책을 뺏어간 뒤에 "방금 읽던 부분에서 ○○○ 사건이 발생하게 된 원인 세 가지를 말해봐."라는 질문을 한다면 뇌는 스트레스를 받기 시작합니다. 단순하게 글을 읽으면 되는 게 아니라 읽었던 내용을 떠올려 아웃풋을 내놓아야 하니까요.

독서와 글쓰기의 차이도 이와 유사합니다. 독서는 제로 컨디션에서도 가능하지만, 글쓰기는 플러스 컨디션까지 올라와야 한다는 뜻입니다.

마이너스 컨디션
탈출하기

📌

마이너스 컨디션에서 아웃풋을 낼 수 있을까요? 의지력만으로 아웃풋을 내는 것은 지속성에 있어서 한계가 명확합니다. 그래서 중간에 제로 컨디션을 거쳐야 하죠.

정리해서 말하면, 집중하지 못하고 중간에 의식이 흩어지는 일은 '플러스 컨디션에서나 가능한 일을 마이너스 컨디션에서 한 번에 수행하고자 할 때' 벌어지므로 중간에 제로 컨디션을 거쳐야 한다는 겁니다.

직장인과 학생 대다수는 출근 또는 등교할 때 마이너스 컨디션입니다. 스트레스 가득한 출근길 또는 등굣길에서 음악을 듣거나 핸드폰 게임을 하거나 짧은 영상 등을 반복적으로 보는 것은 이렇게라도 하지 않으면 견디기 힘든 컨디션이라 볼 수 있으니까요. 이 상태에서 바로 아웃풋을 낼 수 있을까요?

예를 들어 직장인 A는 사무실에 도착해서 프로젝트 기획안을 제출해야 합니다. A는 사무실 도착 전까지 음악이라는 자극에 스스로를 밀어 넣은 마이너스 컨디션이었습니다. 그러니 일을 바로 처리하는 것이 쉽지 않을 겁니다. 왜냐하면 마이너스 컨디션에서 제로 컨디션이라는 중간 단계 없이 한 번에 플러스 컨디션으로 뛰어야 하니까요. 그렇다면 A는 프로젝트 기획안이란 아웃풋을 내기 위해 어떻게 해야 할까요?

사무실에 도착하기 전에 '자극이 없어도 현실에 머무를 수 있는 뇌'로 만드는 것을 우선해야 합니다. 제 방법을 하나 소개하자면요. 일을 시작하려 할 때 평소보다 유달리 피곤함을 느끼거나 현실에서 동떨어진 망상이 자꾸 떠오르면, 저는 약 10~15분의 시간을 어떠한 자극 없이 버티려고 합니다. 그리고 그 시간을 유지한다는 데 의의를 둡니다.

노트북을 열지 않고 우두커니 현실에 존재'만' 합니다. 음악이든 유튜브 영상이든 자극을 잠시라도 끊어내지 못하는 상황에서는 아웃풋을 만드는 것이 쉽지 않더라고요. 중간에 멍하니 아무것도 안 하는 시간 혹은 간단한 이완 루틴을 추가함으로써 에너지를 되찾은 후에 일을 시작하는 거죠.

아무것도 안 하는 시간이라고 하면 '멍때리기'를 떠올릴 텐데요. 그보다는 오감에 집중한다는 표현이 더 적절합니다. 주변 소리에 집중한다거나, 밖의 온도를 느껴본다거나, 평소 안 쓰던 감각을 깨우는 겁니다. 아이스 아메리카노가 담긴 컵의 차가움도 좋습니다.

이렇게 외적인 자극을 요구하는 뇌의 상태를 바꿔나가다가 '자극이 없어도 어렵지 않게 현실을 받아들일 수 있을 때' 아웃풋을 위한 활동을 서서히 시작하는 겁니다. 그러니까 회피하려는 충동이 사그라들 때 시작한다는 의미입니다. 흙탕물을 컵에 담아 잠시 기다리면 층이 분리되는 것처럼요. 이후에 아웃풋이 조금씩 나올 땐 가사 없는 음악을 보조장치로 사용하기도 합니다.

자연스럽게 아웃풋 모드로
전환되는 글쓰기

일단 마이너스 컨디션에서 탈출했다면 저는 뇌를 예열하는 단계를 거칩니다. 글쓰기를 좋아하는 사람이라면 대부분 경험했을 텐데요. 글이 원래 시작이 어렵잖아요. 단어 하나, 문장 하나 몰입의 농도가 짙어져야 글이 쏟아지기 시작하죠. 이를 반대로 이야기하자면 처음의 예열 단계를 견뎌낼 수만 있다면 쉽게 글쓰기에 익숙해질 수 있다는 의미이기도 합니다.

이를 위해 제가 글쓰기 사이트를 만들었습니다. 제 전작 《내 생각과 관점을 수익화하는 퍼스널브랜딩》에서 이미지를 글로 묘사하는 글쓰기 연습법을 제시했는데요. 사진 하나를 골라서 이 사진에 대한 아무런 정보가 없는 사람에게 설명하는 글을 쓰는 연습법이었습니다. 이 방식을 많이 좋아하셔서 사이트를 만들었어요(writing.moistmarketer.com). 회원 가입도 필요 없는 헛웃음이 나올 정도로 허름해 보이는, 딱 지금 이야기한 기능만 있습니다. UI만 보면 개인정보를 빼갈 것처럼 생겼지만 정보 수집 없이 바로 이용할 수 있는 사이트입니다.

이 사이트에서 목표 연습 시간을 적어넣고 '시작하기'를 누르면 랜덤으로 한 개의 이미지가 나오면서 아래에 타이핑할 수 있는 입력 칸이 나타납니다. 그리고 5초 이상 타이핑을 멈추면 글이 10자씩 사라집니다. 이유는 예열 단계에는 양질의 글을 쓸 필요가 없기 때문이에요. 오타가 있어도 말도 안 되는 문장이어도 상관없습니다. 일단 뭐라도 쓸 수밖에 없는 환경을 만들어놓고 강제로 시작하게끔 만들기 위함입니다.

실제로 저는 이를 이용해서 뇌를 깨운 다음에 본격적으로 제대로 된 글을 쓰는 편입니다. 글쓰기 준비운동이라고 생각하면 좋겠습니다.

사진을 글로 묘사할 때 처음엔 막막할 거예요. 하지만 그동안 쓰지 않았던 '묘사하는 뇌'를 자극할 수 있습니다. 요즘은 말로 하기보다는 사진이나 영상으로 바로 보여주는 시대잖아요. 반대로 이야기하면 모두가 묘사하는 능력이 퇴화하고 있다는 증거이기도 합니다.

이 능력치를 갖춘다면 비교 우위가 생겨날지도 모르겠어요. 부가적인 장점이 있지만 지금은 우선 뇌 깨우기 준비운동으로만 이용해도 충분합니다.

아무 글이나 일단 써, 아무거나 신나는 걸로

마이너스 컨디션에서 제로 컨디션 그리고 뇌의 준비운동을 통한 글쓰기 루틴에 익숙해진다면, 아마 컨디션과 기분 모두 양호할 때만 글을 쓸 수 있었던 조건부 몰입으로부터 졸업하게 될 겁니다.

여기서 작은 팁 하나 알려드릴게요. 일단 아무 이야기나 풀어가면서 어떻게든 내가 하고자 하는 내용과 연결 짓는 방법이 있습니다. 예를 들어 다음에 나올 두 개의 글은 제 블로그에 업로드했던 내용인데요. 아웃풋을 만들어낼 만한 컨디션이 아닐 때 제가 하고 싶은 이야기를 아무렇게나 끄적이면서 시작한 글입니다.

◧ ılıl

〈 메모   ⊗ ⬆ 🗑

어렸을 때 살던 곳에 종종 방문합니다. 저는 아버지 직업상 이사를 자주 다녔거든요. 당시에는 너무 싫었어요. 친한 친구들과 이별하고 새로운 환경과 사람에 적응해야 했으니까요. 그런데 지금은 오히려 제 삶에 다채로움을 채워준 것 같아 감사함을 느끼고 있습니다. 감정과 생각 등 맥락은 수시로 바뀌는 것 같아요. 지금 제가 느끼는 불편함이나 스트레스도 나중에는 '삶에 꼭 필요한 요소였다'라고 해석이 뒤바뀌기를.
하여간 가장 기억에 남는 두 곳이 있습니다. 한 곳은 9살부터 14살까지 살던 곳이고요. 다른 한 곳은 15살부터 16살까지 살던 곳입니다. '감성감성한' 날에는 노트북을 들고 9살부터 14살까지 살았던 곳으로 갑니다. 그 장소에 가서 노트북 켜 두

면 글이 절로 나옵니다. 당시의 기억이 떠오르면서 이를 글로 옮겨적고 싶다는 충동이 저를 가득 채우는 것 같습니다. 초등학생 때는 거의 매년 반장이나 부반장을 했습니다. 중학교 때도 두 번인가 했고요. 뭐 리더십, 감투 욕심, '나서는 것을 좋아하는 아이' 이런 게 아니라 당시에는 그냥 다들 귀찮아해서요.

제가 살던 곳은 학군, 경제 사정 등이 좋지 않은 동네였습니다. 그래서일까요? 성적이 좋거나 그나마 부모님이 신경 쓰는(학부모총회 등에 참여하는) 느낌이면 넌지시 몰아가는 분위기로 기억합니다. 그러다 보니 가끔 떠오르는 에피소드가 참 많아요. 각색해서 단편 소설을 쓰고 싶을 정도로 다양합니다.

그중 중학교 때 에피소드. 저는 중학교 1학년을 마치고 이사를 하여서 새로운 중학교에서 2학년을 시작했습니다. 당시 담임 선생님은 어차피 새로운 학년, 새로운 구성원으로 시작하는 것이니 굳이 전학 왔다고 말할 것 없이 바로 반에 녹아드는 것이 어떠냐고 제안하셨고 저도 앞에 나가 자기소개하는 것이 창피해서 좋다고 했어요. 또 아이들과 친해질 수 있도록 배려 아닌 배려를 해주셨는데, 그 배려란 것이 '매일 아침 칠판에 영어 단어 20개를 적고, 아이들이 각 단어당 10번씩 노트에 적었는지 검사를 해라'는 것이었습니다. 선생님 생각에는 이 과정에서 아이들과 친해질 수 있다고 봤나 봐요.

어느 친구 하나가 며칠을 대놓고 안 하길래, 종례 시간에 선생님의 물음에 반 아이들이 모두 앉아 있는 앞에서 "○○○는 한 번도 한 적이 없다."라고 이야기를 했는데요. 세상에, 그 친구는 초등학교 고학년 때부터 학교 폭력을 저질러서 아무도 못 건드는 그런 무시무시한 아이였어요. 주머니에 작은 칼을 넣고 다닌다는 그런 아이래요. 당연히 반 분위기는 얼어붙고, 다음 날 아침 그 친구는 제게 "너, 이따가 보자."라는 말을 합니다. 종일 수업에 집중할 수 없었어요.

누구에게나 아무도 묻지 않아도 혼자 신나서 떠들 만한 자기만의 내용이 있다고 생각합니다. 문제는 아무도 묻지 않고 궁금해하지 않아서 이 이야기를 주절주절 말해봤자 반응이 좋을 리 없다는 것이지요. 하지만 온라인에서 혼자 글을 쓰기에는 아주 적당합니다. 그럼, 왜 저걸 쓰느냐.

첫째, '아웃풋 모드'로 바뀌기 때문입니다. 사실 글 쓰는 게 귀찮아 그냥 덮고 싶었는데 좋든 나쁘든 과거의 기억에 몰입해서 재잘재잘 떠들다 보면 아웃풋에 저항감을 덜 느끼는 모드로 바뀌게 됩니다. 그리고 대충 다 쏟아냈다는 생각이 들면, 그때부턴 어떻게든 내가 써야 하는 내용과 연결해 보면 돼요.

앞의 글은 맥락이랄 게 없습니다. 어린 시절에 살던 곳에 방문하는 요즘을 이야기하다가 과거 겪은 무서운 친구와의 일화로 이어졌습니다. 저 글을 쓰면서 저는 아마 과거 추억에 취해있었을지도 모릅니다. 당시에는 참 무서운 친구였는데, 그냥 사랑받지 못해 엇나간 가여운 아이라는 생각도 들었어요.

이 관점을 기반으로 제가 오늘 해야 할 일이자 쓰려던 글을 써 내려가는 겁니다. 즉 지금까지 쓴 글을 본래 쓰려던 글과 어떻게든 연결 지어보는 거지요.

예를 들어 'AI의 발달'이라는 주제로 글을 쓰려고 마음먹었다면 과거의 추억을 이야기하면서 지금의 변화에 대한 복합적인 감정을 이야기할 수도 있고요. 음식에 대한 글을 쓰려 했다면 어린 시절에 좋아했거나 그땐 참 싫어했는데 지금은 좋아하게 된 음식을 소개하면서 글을 시작해 볼 수도 있습니다.

둘째, 원래 목표와는 상관없는 행동이라도 그 감정선과 분위기를 아웃풋 모드로 전환할 수 있기 때문입니다. 만약 지금 느끼는 분위기와 감성이 정반대되는 방향으로 나아가야 한다면 앞서 이야기한 것처럼 브레이크가 걸린 자전거의 페달을 밟는 느낌일 겁니다. 계속 이렇게 힘들게 나갈 건가요? 조금 더 현명하게 가보자고요.

저는 감성적인 글을 써야 할 때는 애절한 플레이리스트를 틀어두고 상상의 소설을 써봅니다. 창피해서 다 지우거나 구석 어딘가에 숨겨두긴 하지만요.

작성한 글 자체로 무언가 실질적인 이익을 보겠다는 게 아니라 쓸모없는 글을 씀으로써 내 안에 분위기를 채우고 그 분위기가 나를 리드하게 두는 것입니다. 핵심은 불러온 느낌, 즉 내 안에 가득 채워진 분위기를 관점 삼아 글을 쓰는 것이지요. 글이 아닌 다른 어떤 작업도 마찬가지입니다. 이런 태도로 대해보세요.

이야기 하나 더, 친구 결혼식 이야기.

⟨ 메모   ⊗ ⬆ 🗑

"내년 5월 7일에 결혼해."라는 말을 처음 들었을 때 먼 미래로 느껴져서 대수롭지 않게 생각했던 것 같습니다. 결혼 당사자는 친한 친구 무리 중 하나로 아주 각별한 사이입니다. 고등학교와 대학교를 같이 나왔고요. 축의금 받는 역할을 저 포함 세 명의 친구가 했는데 그중 한 명이 아주 꼼꼼하고 섬세해서 결혼식 당사자보다 먼저 도착해서 동선 파악과 배치 등 온갖 세팅을 마쳤어요. 저는 그냥 옆에서 도와주다가 왔습니다.

사실 이 친구(결혼 당사자)의 부모님께 빚진 게 많습니다. 제

고등학교 시절은 여러모로 쉽지 않았습니다. 워낙 경쟁이 심한 학교인 데다 집에서 멀리 떨어져 있어 부모님이 계신 집에는 한 달에 한두 번 정도 갔지요.

수능 전날 저녁에는 전국 각지에서 부모님들이 기숙사로 옵니다. '결전의 날' 점심 도시락을 건네주며 응원을 해주시지요. 그런데 사정이 생겨 제 부모님은 오시지 못했습니다(오래된 일인데도 부모님은 당시의 일을 아직도 미안해합니다).

수능 전날 밤, 혼자 방에 남아서 괜히 영어 단어를 외우는 척을 했어요. 그때는 밥을 먹어야 머리가 잘 돌아간다거나, 당이 공급되어야 집중이 잘 된다거나 하는 말을 이해하지 못했고, 그렇다 보니 수능 날 점심도 적당히 초코바 한두 개 먹으면 되지 않을까 했지요. 그래서 편의점에서 달달한 초코바를 쟁여 두었습니다. 그런데 막상 수능 날 점심에 삼삼오오 모여 도시락을 꺼내는데 저 혼자 초코바를 먹으려니 후회가 몰려왔습니다.

'적당히 도시락 좀 사 올걸, 객기를 부렸구먼'.

그때 오늘 결혼한 그 친구가 아무 말 없이 제게 도시락을 내밉니다. 알고 보니 친구 어머니께서 저를 위해 도시락을 싸주셨던 거예요. 뚜껑을 여니 응원 문구가 적힌 쪽지와 함께 정갈한 반찬이 가득 들어있었어요. 나중에 알게 된 사실이지만 이날 제가 먹은 도시락은 보온 도시락통이었고 정작 친구 것은 일회용 도시락통이었습니다.

제가 원래 그리 감수성이 풍부하지 않습니다. 수련회에서 조교들이 부모님을 떠올리라며 억지로 슬픈 분위기를 자아낼 때도 한 번도 울지 않았어요. 내일이면 집에 가는데, 라는 생각이 더 컸거든요. 그런데 그날은 정말 감동이었습니다.

그렇게 수능을 마쳤습니다. 저는 고등학교 3년간 본 그 어떤 모의고사보다 높은 성적을 받았습니다. 수능 성적만 보면 엘리트입니다. :)

참 웃기죠, 사람 일이라는 게. 그 친구는 재수를 했습니다. 나중에 친구도 재수 끝에 같은 대학에 입학했는데요. 축하하는 마음도 있었지만 '다행이다'라는 마음이 훨씬 더 컸습니다. 뭐 그랬다는 이야깁니다.

이 이야기를 써 내려가며 친구에 대한 고마움과 따스한 감정이 느껴졌어요. 그렇다면 이제부터 이 따스한 분위기가 일을 하도록 두면 됩니다.

'아니, 힘들게 글을 쓰지 말고 그냥 슬픈 영화를 보면 되지 않나요?'라는 마음이 들 수도 있는데요. 반은 맞고 반은 틀립니다. 감정선은 불러올 수 있지만 아웃풋 모드, 즉 플러스 컨디션은 잘 만들어지지 않기 때문이에요. 아마 더 많은 영상을 찾게 될 것이고 그러면서 자기합리화를 하게 될지 모릅니다.

"나는 지금 일을 위한 준비 작업을 하는 거야." 이런 식으로요.

인풋과 아웃풋을 조절하는
컨디션 전환

🖈

지금까지의 내용을 정리해 보겠습니다. '인풋'은 정보의 습득을 의미하며 출력을 의미하는 '아웃풋'보다 상대적으로 수동적입니다. 소설가라면 책을 읽는 것은 인풋이며, 본인의 소설을 쓰는 것은 아웃풋이겠지요.

마이너스 컨디션과 제로 컨디션, 플러스 컨디션도 언급했습니다. 외부 자극을 끊어내지 못하는 '마이너스 컨디션'은 지금의 현실로부터 도망치려는 욕구가 강한 상태로 '샤워 중 음악이 잠시라도 멈추는 것을 견디지 못하고 거품이 묻은 손으로라도 핸드폰을 잡는 상황'입니다. '제로 컨디션'은 마이너스 컨디션보다 조금 나아요. 자극이 없어도 현실에 머물 수 있는 힘을 갖췄다고 할 수 있지요.

저는 산책하다가 음악을 듣지 않으면 참을 수 없을 때가 있습니다. 아마 마이너스 컨디션일 거예요. 그런가 하면 음악을 자발적으로 끄고 안 듣는 날도 있고, 선선한 공기를 느끼며 차분하게 걷고 싶을 때도 있습니다. 저는 이를 제로 컨디션이라고 부릅니다.

인풋보다는 아웃풋이 우리 뇌에서는 더 고될 수밖에 없습니다. 영화 보기는 쉬운데 다섯 문장으로 영화의 줄거리를 요약하려면 머리가 아프잖아요. 마이너스 컨디션에서 아웃풋을 내기는 쉽지 않으니 일단 제로 컨디션까지는 뇌를 쉬어준 다음 서서히 컨디션을 전환하는 방법을 시도해 보세요.

아웃풋을 위해 마이너스 컨디션에서 플러스 컨디션으로 한 번에 넘어가려 하면 무너질 가능성이 높습니다. 이는 자책으로 이어지고 번아웃의 시발점이 됩니다. 앞서 강조한 이완을 통해 제로 컨디션이라는 중간 단계를 거쳐 아웃풋에 도달해 보세요.

잠깐 반짝하는 아웃풋보다 스스로를 지키며 유지하는 아웃풋이 더 낫다고 생각합니다.

[인풋 저항감 테스트]

아웃풋 없는 인풋에 지쳤다면? 내 인풋의 이유는 무엇이고, 앞으로 어떻게 나아가야 할까요?

♨ 아래 14개의 질문에 대한 답변 Ⓐ, Ⓑ, Ⓒ, Ⓓ 개수를 세어보세요.

1. 내가 시간을 들여 책을 읽거나 강의를 듣거나 공부하는 이유는?

Ⓐ 괜히 불안하잖아. 여기저기서 다들 뭔가 하면서 호들갑 떠니까 나도 해야 하나 싶어서 마음이 심란해.

Ⓑ 현실적으로 해야 하니까 하는 거지. 이것도 해야 하고 끝나면 저것도 해야 해.

2. 새로운 무언가에 뛰어들 때 내 머릿속 상황은? 예를 들어 챗GPT 공부를 시작한다면?

Ⓐ 안 하면 안 되겠지. 이제 AI의 시대라는데 최소한의 지식은 쌓아놔야지.

Ⓑ 솔직히 배울 생각 없었는데 내 일에 적용할 수 있는 것들이 있네. 배워야겠다.

3. 그냥 그런 웹소설 작가인 당신이 더 끌리는 선택은? (하나만 고르다면)

Ⓐ 지금의 나와는 거리가 먼, 인기몰이 중인 새로운 장르에 쉽게 입문하는 방법.

Ⓑ 지금 쓰고 있는 소설에 시너지가 날 만한 글감 아이디어.

4. 올해 내가 공부한 것과 경험, 되돌아본다면?

Ⓐ 교집합 없이 나열된 느낌이 강해. 사진 촬영법, 영어 공부, 미니멀 인테리어…

Ⓑ 어느 정도 교집합이 있는데? 매력적인 글쓰기, 에세이형 글쓰기, 소설 작법…

5. 스스로 생각하기에 나는 어떤 이미지에 더 가까울까? 선호하는 이미지 말고.

Ⓐ 이런저런 경험이 있어요. 트랜드나 흐름에 관심을 두는 편입니다. 잘 하진 못해도.

Ⓑ 요즘 트랜드를 보긴 하는데 잘 아는 건 아니고요. 그나마 저는 이

런 걸 잘 하긴 해요. 남들보다는 아니어도.

6. 당신이 호감을 느끼는 인플루언서. 두 달마다 그가 강조하는 게 달라진다. 저번에는 이것, 이번에는 요것.

Ⓐ 아휴 힘들다. 바쁘다 바빠. 참 신경 쓸 게 많네. 그치만 내가 부족하니까.

Ⓑ 어설프게 건드려봤자 남는 게 없을 것 같아. 걸러서 듣자. 각자 상황이 다르니까.

7. 내가 더 스트레스받는 환경은?

Ⓐ 처음 듣는 개념을 나 빼고 모두 다 아는 분위기.

Ⓑ 내 전문 분야에서 새로 공부해야 하는 기술의 등장.

8. 일(공부)을 할 때 티를 안 냈을 뿐 나는 늘 고민이 많았어. 내 고민의 공통점은 바로….

Ⓒ 별다른 일 없이 그냥 무난하게 흘러가면 좋을 텐데.

ⓓ 이대로 끝나면 안 돼. 나는 더 잘할 수 있어. 변화가 필요해. 역전
까지는 아니더라도.

9. 사소하지만 은근히 더 신경 쓰이는 일은?

ⓒ 핸드폰의 자잘한 생활 자국, 흰 티셔츠에 묻은 얼룩.
ⓓ 핸드폰을 바꾸기엔 돈이 충분치 않은데. 눈 딱 감고 살까, 말까?

10. 솔직히 나와 주위 사람들, 굳이 '수준'을 나눈다면?

ⓒ 내가 여러모로 조금 더 우위에 있다고 생각해. 허세가 아니라 그
냥 그렇다고.
ⓓ 아직 나는 언더독이지. 보고 배울 수 있는 사람들이 많아서 좋아.

11. 내가 더 몰입하는 콘텐츠는?

ⓒ 누아르 장르 같은 자신의 것을 지키려는 자들의 싸움.
ⓓ 평범한 주인공이 우연히 (혹은 노력으로) 능력을 얻게 되는 스토리.

12. 나를 지치게 하는 감정, 그 감정의 뿌리를 찾아보면?

ⓒ 하기 싫고 책임지기도 싫어. 할 일은 많은데 내가 싫어하는 일
이야.

ⓓ 혼란스러워. 내 일상에는 고만고만한 선택지가 너무 많아.

13. 제발 내 신경을 긁지 마. 내가 더 민감하게 반응하는 말은?

ⓒ 에이, 요즘 누가 그런 걸 해? 세상의 기준이 달라지고 있잖아.

ⓓ 슬슬 제대로 된 일을 알아봐야지? 시간이 꽤 많이 지났잖아?

14. 현실도피라고 해도 어쩔 수 없어. 나는 불안할 때 이런 망상
을 해.

ⓒ 최소한의 인과관계가 있는 행복 회로 망상. 팀장님이 갑자기 내
게 기회를 준다거나.

ⓓ 인과관계보다는 내가 원하는 결과 상상. 수단과 과정은 모르겠지
만 '꿈을 이룬 나'를 그리곤 해.

결과

ⓐ가 4개 이상이고 ⓒ가 4개 이상이라면
넓은 시야를 갖기 위한 대비형 인풋

◆ 지금도 나쁘지는 않아, 하지만 불안해
◆ 미지에 대한 걱정과 불안이 넓은 범위의 인풋을 강제하는 상황

신경 쓰는 카테고리의 범위가 다른 사람들보다 넓다는 것이 특징입니다. 그래서 아직 부족하고 익혀야 할 것이 많다는 생각에 스스로 항상 채찍질하고 있을지도 몰라요.

이 유형의 장점이라면 폭넓은 인풋을 통해 복합적인 사고를 할 수 있습니다. 서로 다른 분야의 지식을 융합할 수 있지요. 게다가 현재에 대한 만족도가 상대적으로 높아서 당장 그럴싸한 아웃풋이 나오지 않아도 스트레스가 크지 않습니다.

단점으로는 꼭 요구되는 지식이 아닌데도 괜한 불안감에 공부하면서 필요성을 과하게 느낀다는 것입니다. 예를 들어 헤어 디자이너라면요. 이와 관련된 카테고리 내 새로운 기술과 트랜드를 익히면 됩니다. 그런데 '미용', '예술'처럼 크고 모호한 카테고리에 스스로를 대입하면서 이것저것 다 공부해야 할 것 같아서 이에 압도됩니다. 필름 카메라 톤의 릴스 만드는 법도 배워야 할 것 같고, 예쁜 방향제 만드는 팁도 알아두어야 할 것 같고요. :) 인스타그램에 보이는 그럴싸한 콘텐츠

를 보고 모두 '저장'을 누르는 것처럼 '일단 주머니에 넣어두자'는 생각이죠.

제가 할 수 있는 조언은 두 가지인데요. 첫째는 '내 불안의 이유는 인풋이 적어서가 아니'라고 항상 마음에 새겨두세요. 인풋이 적어서 벌어지는 일이 아닙니다. 당신 눈에 보이는 도움될 만한 착한 콘텐츠는 겉모습과 달리 불안감을 조성하여 뭐라도 인풋을 하게 만들려는 겁니다.

두 번째는 다양한 섹션에 적용할 수 있는 것을 위주로 익히세요. '필름 카메라 느낌 릴스', '예쁜 방향제', '실용 인테리어' 등 하나하나 다 알아두기보다 본질적인 것을 찾아보세요. 위의 예시라면 '컬러 사용법'이 유익하겠죠. 인풋의 양이 적더라도 두려움을 대비할 수 있을 겁니다.

ⓐ가 4개 이상이고 ⓓ가 4개 이상이라면

방향을 잡기 위한 실험형 인풋

◆ 내가 불안한 이유는 인풋이 부족한 것 같아서

◆ 내게 맞는 방향을 발견하고 싶어서 여러 가지 인풋을 경험한 상황

지금 상황이 마음에 안 듭니다. 지식이 없으니까 기술을 모르니까 불안해서 인풋에 집중하지요. 그러면 일시적으로 불안이 진정되지만, 얼마 지나지 않아 다시 걱정이 올라오지요.

여기까지는 대부분이 겪는 일입니다.

문제는 '불안→인풋으로 인한 일시적인 불안감 해소→다시 불안'를 반복 겪으면서 불안의 이유를 '인풋의 부재'로 생각한다는 점입니다.

이 유형의 장점은 넓은 범위를 빠르게 경험한다는 것입니다. 그 과정에서 경험이 많이 쌓일 수밖에요. 계속해서 도전하는 삶을 살아왔을 겁니다. 얕은 수준이라도 다양한 분야를 공부했을 거예요. 속도도 빠른 편이라 같은 시간 내 쌓인 경험의 가짓수도 월등하고요.

하지만 단점은 '인풋 중독'에 빠질 수 있다는 건데요. 이런 인풋 과정을 거쳐서 만들고 싶은 이미지가 조금 흐릿해요. 인풋을 하는 순간에 찾아오는 일시적인 안정감에 중독된다는 뜻입니다.

사실 과거에 제가 이 유형이었는데요. 현실에 존재하지 않는 유니콘을 찾아다녔어요. 별 노력 없이 열심히 하지 않아도 다들 좋아하고, 타고난 자원으로 남들보다 뛰어난 성과를 내는, 시간이 지나도 가치가 떨어지지 않는 그런 분야를 말이죠. 그렇게 헤매다 보니 경험은 많지만 전문성을 똑 부러지게 내세울 수 없는 상황이 반복되고, 두려움에 또다시 새로운 여정을 떠나지요. '유니콘? 어딨니!'

이 유형이라면 불안을 인풋에 쏟지 말고 다른 방식으로 진정시키는 일이 먼저라고 생각합니다. 불안한 이유는 소속감

의 부재일 수도, 루틴의 부재일 수도, 감정 및 정서적인 문제
일지도 몰라요. 괜한 불안함에 이런저런 콘텐츠에 반응하지
않는 연습부터 시작해 보세요.

®가 4개 이상이고 ©가 4개 이상이라면

유지 목적이 강한 초점형 인풋

◆ 뭘 해야 하는지 알아. 지금 상황? 뭐, 괜찮아
◆ 어디에 집중해야 할지 알고 있지만 가끔은 답답한 상황

새로운 무언가를 익혀서 위로 올라가기보다 지금의 수준
을 유지하려는 목적이 더 강합니다. 번아웃 등으로 지칠 수는
있지만 '내 상황' 자체에 대한 걱정이나 회의를 느끼는 빈도는
상대적으로 적어요.

이 유형의 경우 짧은 시간에 성과를 이뤄내는 사람이나 신
기술의 등장에 불안을 느낄 가능성이 높습니다. 현상 유지가
목적이라면 상황을 바뀔 수도 있는 대상에 대한 반감이 올라
올 수밖에 없지요.

고민이 든다면 조금 힘을 빼고 흘려보내는 게 어떨까요?
어떤 일이 벌어질까 걱정하는 것보다 현재 벌어진 일에 집중
하는 편이 낫습니다. 가끔은 지루함을 느낄지도 모릅니다. 반
복되는 패턴에 지칠지도요. 그때는 마음을 비우고 본인과 상

관없는 주제에 시간과 돈을 그냥 써보세요.

이 유형은 기준이 잡힌 인풋을 선호해요. 좋아 보이고 많이들 배우고 있어서가 아니라 본인 정체성에 따른 필요한 인풋을 선택하는 큰 틀이 존재합니다. 그래서 이 유형은 시간이 지나면서 전문성을 갖추게 될 가능성이 높습니다.

반대로 이야기하자면 한 카테고리 내에 과하게 스스로를 가둔다는 뜻이기도 해요. 관심 없는 주제나 분야에 가볍게 입문해 보고 본인의 분야와 한번 섞어보는 연습은 어떨까요?

예를 들어 항상 글쓰기에만 집중했다면 건축, 인테리어, 사진 등 전혀 다른 분야에 쓰지 않던 뇌를 활성화해 보세요. 한 카테고리에 갇혀 있어서 생겼던 불안감이 사라질지도 몰라요. :)

Ⓑ가 4개 이상이고 Ⓓ가 4개 이상이라면

속도를 위한 성과형 인풋

◆ 방향은 결정했어. 이제는 속도가 문제인데…

◆ 인풋의 카테고리는 결정했는데 변화는 아직 없는 상황

실질적인 성과를 위해 인풋을 추구하는 유형입니다. '자기계발 붐'으로 붕 떠 있던 분위기가 현실적으로 무엇을 얻을 수 있을지를 계산하는 느낌으로 성숙해진 분위기인데요. 과거에

는 사람들끼리 모여 원대한 포부를 이야기하거나 각자의 경험담과 깨달음에 대해 의견을 나누는 것 자체가 즐거웠습니다. 성장하는 것 같으니까요.

그런데 이제 조금씩 현실적인 사고가 올라옵니다. 그렇기에 자신에게 필요하다는 생각이 들지 않으면 예전만큼 관심을 보이지 않아요. '카테고리'가 결정된 느낌이죠.

이 유형에 해당하는 이들은 니치한 지식을 인풋의 대상으로 삼아보는 것이 타개책이 될 수 있습니다. 한 분야에서 인풋을 반복하면 이미 알고 있는 내용을 돈과 시간을 써가며 반복해서 접하는 일이 비일비재하거든요. '웹소설 잘 쓰는 법' 강의를 열 개 들었다면 대부분 웹소설 시장의 크기, 낮은 입문 난이도 등의 내용을 반복해서 접했을 겁니다. 이제는 인풋의 대상을 'A to Z' 유형 말고 하나의 챕터를 깊게 다루는 것으로 바꿔보세요. '매력적인 주인공의 과거를 기획하는 방법' 등의 콘텐츠가 그 예시가 되겠네요.

속도가 잘 나지 않는 현재, 다른 것으로 눈을 돌리기 쉬운 상황입니다. '나랑은 잘 맞지 않나 보다', '저 카테고리는 다들 쉽게 성공하는 것 같네?' 하는 유혹이 생기겠지만 조금만 참고 인풋의 층위 또는 범위를 바꾸는 노력이 필요합니다. 조금씩 변화가 일어날지 모릅니다. 지금의 인풋은 시간 대비 효율이 나쁜 편일 수 있거든요.

2부

인풋 중독과
아웃풋 강박에
대처하기

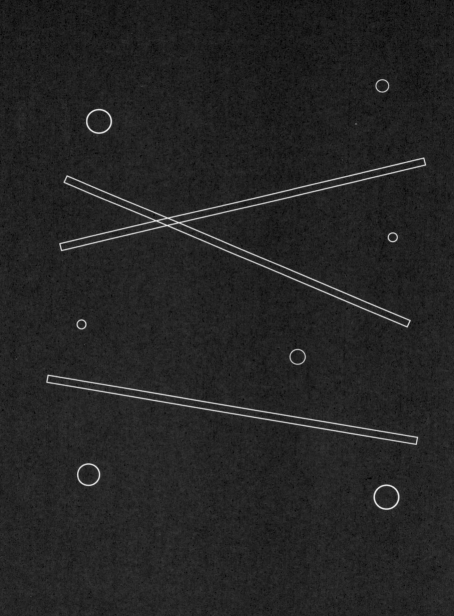

목표와
행동 사이에
위치하는 저항

책의 서두에서 '기대와 현실의 거리감'이라는 표현을 썼어요. 쉬울 줄 알았는데 생각보다 저항이 느껴지는 그런 지점이요.

사람마다 느끼는 저항의 지점이 다를 겁니다. 각자의 '거부감의 정도'가 다르기에 서로의 근본적인 이해는 애초에 불가능할지도 모르고요. 예를 들면 어떤 이에게는 부담 없는 주제가 다른 누군가는 매우 민감한 문제일 수도 있죠.

그렇기에 이제부터 이야기할 2부의 내용은 누군가에게는 환영받지만 다른 누군가에게는 '뭐야, 이건?' 싶은 반응이 나올 수 있습니다. 저에게는 참 버거운 일이 지만 여러분 중 일부는 '아니, 이게 심각한 문제인가?' 싶을 수도 있으니까요. 반대로 저는 단 한 번도 힘든 적 이 없는 주제에 대해 어떤 사람은 힘들어할 수도 있습 니다. 이 간극으로 오해가 생기지 않았으면 합니다.

각기 다른
저항의 지점

이제부터 제가 저항감의 순간으로 언급할 내용은 이 미 겪어봤거나 현재 그런 상황이라면 공감하며 읽을 수 있지만, 그렇지 않다면 별다른 생각이 들지 않을 수도 있습니다. 모두에게 통용되는 객관적인 사실은 아니라 는 말씀을 먼저 드립니다.

예를 들면 어떤 사람은 온라인상에서 자신을 드러내 는 것에 저항을 느낍니다. 반대로 다른 사람은 본인의 사진이나 사적인 이야기를 기록하는 것에 대해 전혀 부 담을 느끼지 않아요. 만약 '본인을 드러내는 브랜딩 스 터디'에서 두 사람이 만났다면 후자에 해당하는 사람은 전자에 해당하는 사람을 이해하지 못할 겁니다. 후자의 사람은 살면서 '나를 드러냄'에 대한 저항감을 전자의 사람만큼 느껴본 적이 없습니다. 그렇기에 의욕이 부족한 것 아니냐며 전자를 나무랄 수도 있어요. 행동하지 않는 사람은 나태하다고 생각할 테니까요. 이는 선생님에게 질문을 서슴없이 하는 학생이 질문하지 못하는 친구를 보면서 '공부에 관심이 없네'라고 생각하는 것과 같아요.

온라인상에서 자기를 드러내는 것 외에도 수많은 저항 지점이 있습니다. 예를 들어 카피라이팅과 같은 창의적인 일에는 강한 집중력을 보이는데 엑셀 파일 정리나 사무적인 잡무와 같은 단순한 일은 조금만 해도 지쳐버리는 사람이 있고요. 해당 분야의 전문가인데도 자기가 아는 내용을 자신 있게 말하기 어려워하는 사람, 글을 쓰려고 하면 두렵거나 결과가 보장되지 않는 상황을 견디지 못하는 사람도 있습니다.

명심하세요. 이러한 순간마다 당신을 이해할 수 있는 사람은 극히 드뭅니다. 스스로 이 저항감을 낮춰야 해요.

'이겨내자'라는
거창한 수식어 떼어내기

제 책《내 생각과 관점을 수익화하는 퍼스널 브랜딩》의 표지엔 '촉촉한마케터'라는 필명과 제 실명이 함께 적혀 있습니다(지금 보고 있는 이 책도 그럴 테죠).

예전엔 제 이름으로 책을 낸다는 것에 대한 저항감이 있었어요. 책 출간일이 다가올수록 부담감이 조금씩 더 커지더라고요. 그래서 앞서 이야기한 저항감을 낮추는 방법을 적용해 보았습니다.

제 이름과 개인 신상이 드러난 책에 대한 냉정한 평가, 즉 블로그 이웃이나 인스타그램 팔로워와 같은 내게 호의적인 사람들이 아니라 다양한 전문가 앞에서 발가벗겨지는 느낌. 이 느낌이 몸 어디 어디에서 느껴지는지를 파악하며 이완 상태를 유지하려고 노력한 것이지요. '괜찮을 거야', '무슨 일이든 벌어지면 그때 잘 대처하면 돼' 같은 생각으로 생각을 달래지 않고 몸의 감각을 위주로 느끼려 했어요. 몸이 바짝 긴장한다면 이완시키려 했고요.

물론 불편하니까 도망치고 싶은 충동도 올라왔습니

다. 긴장 상태가 될 때마다 목이 마른 것 같다는 핑계로 괜히 정수기 앞으로 간다거나, 유튜브 혹은 카카오톡으로 도망쳤던 거죠. 이를 인지한 후에는 큰 물병을 책상 위에 두고 핸드폰 전원을 꺼버렸습니다. 그리고 내가 피하고자 했던 그 불편한 느낌을 최대한 허용하며 느끼려고 노력했어요. 싫어하는 피망을 조각내어 한 조각씩 천천히 음미하는 그런 느낌이었죠.

며칠을 반복해도 불편함이 사라지지 않을 수 있어요. 그렇지만 한 가지는 확실하게 말할 수 있습니다. 이완을 반복하면 할수록 반응이 처음보다 진정됩니다.

지금 가장 스트레스를 받는 대상을 상대로 이완 연습을 해 보세요. 한 번이라도 효과를 체험하게 되면 다음부터는 누가 말려도 스스로 몸의 힘을 빼는 본인을 발견할 것입니다.

덧붙이자면 저는 '이겨낸다'라는 표현을 그리 좋아하지 않습니다. 이전 책에서도 비슷한 이야기를 했는데요. 그만큼 강조하고 싶습니다. 저는 '이겨내자'라는 표현 자체가 '이겨낼 만한 일'이라는 인식을 오히려 강화한다고 생각해요. 더 이상 '이겨낼 만한 일이 아닌 일'

이 되는 게 목표가 되어야 하지 않을까요? 치킨을 먹을 때 닭 다리를 잡으면서 '힘내서 완벽하게 살점을 쏙 뜯어내자'라고 다짐하는 사람은 없잖아요. 어렵지도 대단한 일도 아니니까요.

우리가 원하는 건 별생각 없이 치킨을 먹듯 저항을 느끼는 상황을 대수롭지 않게 여기는 거예요. 이럴 때 '이겨내자'라는 다짐은 오히려 그 대상이 되는 일(상황)에 대한 저항감을 강화시킬지도 모릅니다.

내 이름의 책을 낸다는 것, 지금은 당시보다 저항감이 많이 사라졌어요. 자유롭다고 할 수는 없지만요. 그런데 종이책을 내게 됨으로써 새로운 부담이 되는 예상하지 못한 것도 있더라고요. 이 부담도 제가 만약 이겨내려고 했다면 진작에 지쳤을지 몰라요. 하나를 이겨내니(내 이름을 건 책에 대한 부담감) 또 다른 부담이 이어지고, 이를 이겨내면 또 다른 부담이 나타나겠지요. 만화 속 악당들처럼 끝이 없을 거예요. 점점 더 강해질 것이고 그 과정에서 결국 무너질지도요.

그렇기에 자신에게 찾아온 견디기 힘든 상황과 사람에 대한 저항감을 적으로 두지 말고 '이완 연습의 대상'

정도로 생각하는 것이 더 현명합니다. '꾹 참고 이겨내
서 승리하자'라는 접근보다 상황과 사람에 대한 저항
감을 낮춰서 '굳이 참을 필요는 없는 상태'를 추구하자
는 말입니다.

누구나
기획만 하고 싶어 한다

그럴듯하고 실현될 것 같은 아이디어를 떠올리는
순간, 우리는 목표에 거의 도달한 것 같은 기분에 취
합니다.

작가라면 괜찮은 글감을 떠올랐다거나 매력적인 주
인공의 인물상이 그려졌다거나. 직장인이라면 불현듯
새로운 기획 아이디어가 번뜩였다거나 매력적인 카피
가 떠올랐다거나. 수험생이라면 지금의 슬럼프를 벗어
던질 수 있을 것 같은 방법을 유튜브에서 접했다거나
원하는 목표를 쉬이 이룰 것 같은 막연한 기대가 생기
는 것이지요.

그런데 현실은 절대 그렇지 않습니다. 진정으로 목

표에 도달하기 위해선 모호한 아이디어 덩어리를 정제하고 적용하는 과정이 필요해요. 그 과정에서 저항감을 느껴지고 고통스러울지 모르지만요

우리 대부분이 여기에서 무너지며 '큰 그림 그리는 포지션'만을 취합니다. 방향성 제시는 솔직히 쉽잖아요. '유럽 여행을 가야지'라는 결심은 어렵지 않아요. 예산을 짠다거나 세부 일정을 세운다거나 항공사 수하물 규정을 찾는다거나 머무를 숙소를 알아본다거나 하는 과정이 진짜 스트레스지요. 그래서 작고 감흥이 없어진 아이디어라도, 사람들이 좋아하지 않고 알아주지 않더라도 일단은 완성에 이르는 과정이 필수입니다.

그리고 그 과정에서 만나는 저항감. 이제부터 구체적인 저항의 지점 예시와 그에 해당하는 상황을 전환할 수 있는 사고방식을 이야기하겠습니다. 목표를 이루기 위한 인풋 과정에서 또는 아웃풋을 만들려는 상황에서 우리는 어떠한 내적 저항을 만날 수 있을까요?

아웃풋을 방해하는
생각의 오류들

인풋에 상당한 노력과 시간을 쓰고 있다면, 당연하다고 믿는 것들을 짚어봐야 합니다. 의심하지 않고 굳게 믿고 있는 문장들이요. 믿음의 디테일은 저마다 조금씩 다르겠지만 '지금 내가 쏟는 노력은 ○○○을 성취할 수 있어', '○○○을 목표로 해야 해'라는 전체적인 문장 구조는 비슷할 겁니다.

이를 우선 파악해야 하는 이유는 믿음의 근거가 어디에 있는지를 의심해야 어떤 노력을 얼마나 어떻게 기울일지에 대한 견적이 나오기 때문입니다. 애초에 비현실적인 혹은 비효율적인 방식으로 노력하고 있는지도 모르거든요.

무턱대고 투자하기엔 시간, 돈, 노력이 너무 아깝습니다. 이는 아무리 강조해도 지나치지 않아요. 방향을 잘못 잡으면 노력에 대한 보상이 영영 돌아오지 않을지도 모릅니다. 이제부터 세 가지 오류를 점검해 볼 텐데요. 각자의 분야에서 본인이 어떤 사고방식으로 대하고 있는지 확인해 보길 바랍니다.

아웃풋을 방해하는 생각의 오류 1
본인의 분야에 대한 이해가 잘못된 경우

📌

첫 번째는 본인의 분야에 대한 이해가 잘못된 경우입니다. 저는 수학 공식 비유를 자주 드는 편인데요. 수학 공식은 사람들에게 알려져도 그 가치가 떨어지지 않습니다. 세상 사람 모두가 그 공식을 익혀도 여전히 공식은 유효하죠.

공식이 유효하다는 뜻은 '문제 풀이가 된다'라는 의미예요. 그래서 수학 공식에 대한 신뢰가 생겨납니다. 많이 알려져도 가치는 여전히 보존된다는 믿음이 있으니 '사람들이 많이 한 선택을 나도 안전하게 따라해야지'라는 생각으로 자연스레 이어집니다. 문제 생길 일 없는 합리적인 선택이죠.

하지만 문제는 수학 공식과는 다르게 사람들에게 알려질수록 그 가치가 낮아지는 분야에서 발생합니다. 공식, 노하우 등이 많이 사용될수록 가치가 낮아지는 분야는 접근 방식이 달라야 합니다. 다시 말해 많은 선택을 받는다는 것이 장점이 아닐 수도 있다는 의미입니다.

예를 들어 ○○ 사진작가가 특별한 사진 보정법으로 인기를 끌었다면 높은 확률로 우후죽순 해당 스타일을 따라 하는 사람들이 생겨날 것입니다. 금세 시장은 포화 상태가 되겠죠. 나중에 "아, 질린다. 또 ○○ 작가 아류네."라는 반응이 나올지도 몰라요.

물론 선택을 많이 받았다는 건 긍정적인 의미도 있어요. 하지만 어렵지 않게 따라 할 수 있는 분야에서는 선택을 많이 받을수록 그만큼 뻔하고도 일반적인 무언가가 되어간다는 뜻이기도 합니다. 그러므로 알려져도 여전히 문제가 풀리는 '근의 공식'과는 정반대 분야의 트렌드에 관련된 시장이라면 '방식의 가치'에만 집중하세요.

저는 '널리 알려진 방식이 대단하다'라는 맥락의 소구점은 서로 다른 카테고리의 개념을 교묘하게 섞은 결과물이라고 생각합니다. 해당 분야의 개념서나 입문서로 유명해졌다면 상관없습니다. 필수 기초 상식, 지식 등은 알려진다고 해서 가치가 떨어지지 않으니까요. 하지만 많이 알려질수록 가치가 떨어지는 분야라면 조심해야 해요. 대중화될수록 근본적인 강점이 있는 이들에게 관심이 쏠리게 됩니다.

프랜차이즈 사업에 비유하면 조금 더 와닿을 거예요. 극단적인 문장이지만 "서대문구 30개의 가맹점 돌파!"라는 카피라이팅으로 서대문구 가맹점 모집을 하고 있다고 해볼게요. '저렇게 많이 선택받았으니 믿고 투자해야겠다'라는 생각을 끌어내려는 의도이겠지만 사실이는 엄청나게 과포화 상태라는 의미이기도 하잖아요? 많은 선택을 받았다는 것이 오히려 독이 될 수 있다는 의미입니다.

내 분야의 특성과 본질에 대해 먼저 고민해 보세요. 가장 인기가 많은 무언가를 따라간다는 것은 파티장에 마지막으로 입장한다는 뜻이며 그렇기에 높은 확률로 실망하게 될 겁니다.

거시적인 시각의 필요성을 이야기하기 위해 지금까지 빌드업했습니다. 이와 관련한 주제로 짧은 강의를 진행한 적이 많은데요. 어떻게 그런 시각을 갖출 수 있는지 방법을 설명해 보겠습니다.

저는 선택을 많이 받을수록 가치가 떨어지는 시장을 찾아서 그것의 가까운 미래를 예측해 보는 사고방식을 강조합니다. 예를 들어 특정 스토리텔링 테크닉이 유행한다고 해봅시다.

(문학상이란 문학상은 모두 휩쓴) 대단한 작가가 등장하고 그가 창조한 캐릭터와 갈등 설계 방법이 유명해져 모두가 이를 차용해 글을 쓴다면, 이 스타 작가의 것과 비슷한 글들은 더 이상 처음만큼 끌리지 않겠죠.

유튜브 포맷도 이와 비슷한데요. 스케치 코미디가 처음 유행할 때는 다들 "오, 이런 콘셉트 재밌다." 싶다가도 우후죽순 비슷한 느낌의 영상이 넘치게 되면 오히려 피로감을 느끼게 되지요. 선두주자는 여전히 잘 나가겠지만, 후발주자들은 스팸에 가까운 취급을 받을지도 모릅니다.

이렇게 특정 방식이 많은 선택을 받는다면 한 발 뒤에서 생각해 보세요. '앞으로 어떠한 일이 펼쳐질까?'

'안전하게 한다는 생각으로 많은 사람이 선택한 방식을 따라 하다가 시간이 지날수록 무언가 잘못되어가는 느낌이 든다면 혼란스럽겠지? 그러면 그런 선택을 한 이들은 어떠한 선택을 내릴까? 그들의 실망 포인트는 구체적으로 어떤 지점일까?'

이렇게 예측 기반의 사고가 필요하다고 생각합니다. 인플루언서들은 필연적으로 특정 시장을 포화시킵니다. 그들은 전혀 악의가 없지만 결과적으로 다들 우르르 몰려가기에 그러합니다. 연예인들이 가볍게 착용한 액세서리나 가방, 신발이 품절되는 것처럼요. 의도치 않게 레드오션이 만들어지는 거죠.

인플루언서가 아닌 대다수는 포화된 시장에 뛰어들게 됩니다. 그 시장에서 살아남을 자신이 있다면 뛰어들어도 되지만 본인이 그리는 미래가 환상인지 아닌지에 대한 의구심은 해볼 필요가 있습니다. 예측해 보세요. 앞으로 어떤 일이 펼쳐질지를요.

고등학생 때 인터넷 수학 강의를 수강했습니다. 당시 수학 강사분이 전달하는 공식 유도법과 암기법이 매우 획기적으로 여겨져 감탄하면서 공부했습니다. 그리고 대학생이 되어 과외 아르바이트를 하려고 온라인에 글을 올렸습니다. 제 강점은 방금 이야기한 공식 유도법과 암기법을 완벽하게 가르칠 수 있다는 점이었지요.

그런데 나중에 알고 보니 이 공식 유도법과 암기법은 모르는 사람이 없을 정도로 '상식'이 되어버렸더라고요. "아니, 그게 자랑이야? 그걸 모르는 사람이 어딨어?"라는 친구의 반응에 힘이 빠졌던 기억이 납니다. 결국 저는 앞서 언급한 '수학에 대한 저항감'이라는 저만의 맥락으로 포지셔닝을 했어요.

이와 유사할 수도 있는데요. 저는 수험 시장에 새로운 공부법이 등장하면 이를 집중해서 살펴보는 편입니다. 시간이 지나면 모두가 환호하던 그 학습법에 대한 약점이 조금씩 언급되기 마련인데요. 그럴 수밖에 없는 게 이 세상의 모든 방법론은 동전처럼 앞뒷면이 있어요.

'이해와 근본적인 원리 파악'에 집중한다면 학습에 필요한 시간이 오래 걸리고, 이와 반대로 '당장에 정답이 나오는 편법'에 집중한다면 고난도 문제에서 무너진다거나 하는 거지요. 그렇기에 저는 해당 학습법의 단점을 블로그 등에서 미리 이야기하곤 했습니다. 여기에서 가장 중요한 단어는 '미리'입니다. 그리고 더 나아가 이 약점의 보완 방법을 나름대로 고안합니다.

다들 찬양 일색인데, 왜 초를 치냐고요? 이런 얄미운 짓을 하는 이유는 '가까운 미래에 필연적으로 찾아올 상황'를 선점하려는 겁니다.

처음에는 아무도 관심을 주지 않습니다. 학습법에 대한 신뢰가 가득하거든요. 하지만 세상일이 다 그렇듯 시간이 흐르면 조금씩 단점이 보이고, 그제야 제 존재를 인지하는 이들이 조금씩 생깁니다. 그리고 이런 생각을 하지요.

'얘는 몇 달 전부터 이런 이야기를 하고 있었네'

저를 본인의 미래 시점으로 인지하는 겁니다.

그런 후에는 시행착오를 줄일 수 있을 거라는 생각으로 저에게 호감을 느낄 가능성이 높습니다. 저라는 사람을 본인의 미래라고 인지하게 되면 당연히 끌릴 수밖에 없지요. 돌고 돌아 결국 이 사람과 같은 방식을 택할 거라는 생각을 자연스럽게 하게 됩니다.

'그냥 아무 분야에서 인기 있는 무언가에 대한 단점

을 적어라'라는 이야기로 오해하지 마세요. 그런 의미가 아닙니다. '나 빼고 다 틀렸다'가 절대로 아닙니다. 애초에 정답이 없는 분야잖아요. 누가 옳고 그르다는 것이 아니라 '조만간 새롭게 생겨날 타깃'에 건네고 싶은 말을 미리 쌓아두라는 것입니다.

'나는 이렇게 생각하고 이렇게 세상을 바라본다. 이 상황에서 많은 분이 놓치고 있는 포인트는 이러이러한 지점이다'라는 식으로요.

여기까지가 첫 번째 생각의 오류, '본인의 분야에 대한 잘못된 이해'에 관한 하고 싶은 이야기였습니다.

아웃풋을 방해하는 생각의 오류 2
한계를 뛰어넘는 환상에 대한 믿음이 있는 경우

두 번째 생각의 오류는 '분야의 한계를 뛰어넘는 환상이 존재할 것이라는 믿음'입니다. 맹목적인 믿음 이전에 현실적인 시뮬레이션을 그려봐야 한다는 뜻인데요. 설명하는 문장이 오히려 더 어려운 것 같아서 예시를 들겠습니다.

'행정법 기본개념 완성'이라는 강의가 있습니다. 이 강의에서는 무엇을 알려줄까요? 제 생각에는 단원별 핵심 요약, 시험 출제 경향, 시험에 자주 나오는 문제 등을 강의할 것 같습니다. 들고 다니면서 개념을 암기할 수 있는 소책자가 제공될 수도 있고요.

다들 이 정도는 기대하겠죠? 그런데 다소 환상이 섞인 분야의 강의일 때는 이 기대가 말도 안 되게 높아지는 경향이 있습니다. 만약 '글로벌 베스트셀러를 쓴 추리소설 작가'의 강의라면 어떤 내용이 주를 이룰까요?

이 역시 강의 내용은 지극히 평범할 겁니다. 소설에 대한 작가의 가치관, 팁, 스토리텔링의 노하우 등으로 구성되겠지요. 아마 높은 확률로 이런 내용일 겁니다. 하지만 '넷플릭스 드라마가 될 수 있는 비법을 알게 될 거야'라는 기대는 위험하죠.

컨설팅하면서 만난 꽤 많은 분이 '잘은 모르겠지만 무언가 엄청난 비밀을 알게 될 것 같아'라는 생각으로 다양한 분야에 시간과 돈을 낭비했다고 말하는데요. 한 번이라도 좋으니 의사결정을 하기 전에 앞으로 일어날 일이나 관련 내용을 시뮬레이션해 보는 것은 어떨까요? 결정을 내리기 전에 이런 과정을 시도한다면 올바른 선택을 할 확률이 높아질 겁니다. 무지가 주는 환상도 조금이나마 줄일 수 있을 거고요.

다시 한번 강조하지만, '내가 모르는 획기적인 비밀 노하우가 이 세상 어딘가에 있을 거야'라는 믿음은 빨리 내려놓고 자기 생각을 시뮬레이션해 보는 것이 우선입니다. '이 강의는 행정법 기본개념, 핵심 요약, 시험 출제 경향, 자주 나오는 문제, 이런 카테고리로 구성되어 있군. 이를 순서대로 이야기하겠지?', '이 작가는 소설의 구성, 스토리텔링 노하우를 깔끔하게 정리해서 알려 주지 않을까?'라는 식으로 예상해 보는 거지요.

그 예상은 거의 맞을 겁니다. 그래도 관심이 생긴다면 강의를 들으면 돼요. 그러면 '당했다'는 생각이 줄어들 거예요.

아웃풋을 방해하는 생각의 오류 3
계속해서 얻어낼 결과물을 기대하는 경우

마지막 생각의 오류는 '현재의 결과물을 계속해서 반복적으로 얻어낼 수 있다는 믿음'입니다. 머리 아픈

말 같지만, 이 이상 풀어쓰기 어려워서 또 예시로 설명할게요.

어떤 게임이든 게임 아이템은 얻을 수 있습니다. 어딘가에 실재하는 아이템이 아니라 충족된 조건에 맞게 창조된 아이템이므로 몬스터를 잡는 등 특정 조건을 만족시키면 창조되지요. 그리고 원래는 아이템이 하나만 나와야 하는데, 특정 방식을 사용하면 아이템이 100개씩 나온다거나 하는 버그가 가끔 일어나기도 합니다. 이러한 버그는 게임 관리자가 버그를 패치하지 않는 이상 반복되지요. 오류니까요.

그런데 사실 이 오류는 패치하기 전까지는 그 게임에서는 통용되는 '법칙'이라고 할 수 있지 않을까요?

현실 세계로 돌아와서 내가 무언가를 얻었다면, 이는 이에 상응하는 현실적인 '기대'를 만족시켰기 때문일 겁니다. 토스트를 팔아 3,000원을 벌었다면 누군가에게 '3,000원 가치의 토스트'에 대한 기대를 충족시킨 거지요.

이런 거래 관계에서 일시적으로 어떤 이가 과하게 날로 먹는 상황이 벌어질 수 있습니다. 마치 게임에서의 버그처럼요. 별다른 것 없는 평범한 토스트에 화려한 수식어를 붙여서 비싼 가격에 판매하는데 불티나게 팔린다면 판매자는 과한 수익을 올리게 됩니다. 이건 '정상이 아닌 상태'입니다. 일시적인 현상일 뿐이지요.

시간이 지나면서 '나도 저렇게 토스트에 이름을 붙여서 팔아야지' 하는 판매자도 생기겠죠. 쉽게 얻는 것 같으면 다들 엄청나게 뛰어드니까요. 재미난 말장난으로 사람들의 호감을 사는 것 같으면 그 말장난 패턴을 외우려고 한다거나, 누군가의 패션이 마음에 들면 옷 정보를 찾아본다거나 하는 것도 마찬가지입니다.

어쨌건 시간이 지나면 토스트가 기대에 미치지 못한다는 불평이 넘쳐날 거예요. 그렇게 사건 사고가 잦아지다가 결국 시장은 정상화되겠지요. 정상화된다는 건 제 위치를 찾아간다는 뜻입니다.

우리가 동경하는 대부분의 감탄 포인트는 일시적일지도 모릅니다. 그런데도 특정 시점에서의 현상만을 보고 이것이 앞으로도 쭉 유지될 거라고 믿는다면 허상을 추구하는 거나 다름없습니다.

그러므로 애초부터 불가능한 것을 목표 삼고 있었는지 생각해 보세요. 이런 생각의 오류는 아웃풋을 방해합니다. '이 정도는 나와야 하는데…'라는 잘못된 믿음을 기반으로 본인의 현재 상황을 무언가 크게 잘못된 상황으로 인지하는 것이니까요. '토스트가 이 정도는 기본으로 팔리는 거 아니었어?' 식의 사고 흐름은 본인에게 득이 될 것이 없습니다.

생각 근육을 키워라

지금까지 세 가지 생각의 오류를 다루어봤습니다. SNS, 포털사이트 메인에만 접속해도 수많은 광고가 뜨는데요. 그 메시지들을 그대로 믿는다면 이러한 오류에 빠지기 쉽습니다.

이제는 '나를 노리는 사람들이 이렇게나 많구나'라는 생각을 먼저 떠올려 보세요. 주도적으로 생각하는 힘을 길러야 합니다. 누군가가 보낸 메시지를 보고 '그렇구나'라는 리액션만 하지 말고 보다 능동적으로 생각해야 해요.

이 '생각 근육'이 단단한 이들이 많지 않습니다. 오히려 '감탄 근육'이 발달한 경우가 훨씬 많지요. 그렇기에 오늘도 수많은 사람들이 환상에 빠져 허우적대고 있는 것입니다.

이 장에서 제가 하고 싶은 말은 당연하게 믿는 머릿속 전제들이 저절로 떠올려질 때 선택을 내리기 전에 지금까지 설명한 세 가지 생각의 오류를 읽어보라는 것입니다. 제가 언급한 정도만 점검해 보아도 생각이 명료해질 거예요. 이제 보다 효율적인 애씀이 가능할 거고요.

망상의 시작,
익숙하지 않아서

저는 새로운 소프트웨어에 익숙해지는 데 시간이 걸리는 편입니다. 메뉴 버튼이 어디에 있는지, 저장은 어떻게 하는지, 저장된 파일의 경로가 어디인지 등 자잘한 것 하나하나에 제동이 걸리곤 해요.

소프트웨어가 아니라 새로운 앱을 열어봤을 때도 비슷한데요. '뭘 눌러야 하는 거지?'라고 멈칫하는 순간이 잦습니다. 그래서 '이렇게 새로운 앱을 설치하고 익숙해질 때까지 기다릴 바에야…'라는 회피하려는 생각으로 비생산적인 선택지를 고를 때도 있어요.

스며드는 방식으로
부담 낮추기

📌

저는 익숙하지 않은 일이 연속될 때 급속도로 무기력해지더라고요. 내가 원하는 이미지는 차분하게 몰입한 채 쓱쓱 빠른 속도로 성과를 내는 건데요. 실제로는 한 걸음을 내디딜 때마다 '헛…, 헛…' 하는 아마추어 분위기가 납니다. 그래서 익숙하고 잘하는 일을 벗어나 습관을 만드는 일은 마치 중력을 이겨내고 대기권을 돌파해야 하는 로켓 같다고 생각해요.

저는 이럴 때 생산물을 만들기보다 그 분위기에 익숙해지는 것을 1차 목표로 하는 시간을 꼭 갖습니다. 월 단위 구독 프로그램을 처음 결제하면 투자한 돈 만큼 '뽑아내야 한다'라는 생각에 마음이 조급해지는데요. 이런 조급함이 느껴진다면 앞서 설명한 '마이너스 컨디션' 상태라 할 수 있습니다.

이 조급함을 이용해서 빠른 템포로 일을 시작할 수도 있지만 적어도 저는 빠르게 무너지더라고요. 조금이라도 스트레스나 가로막히는 느낌이 들면 그날은 더 이상 일에 집중하지 못해요. 그렇기에 분위기에 먼저 익숙해지려고 합니다.

가령 얼마 전에 모 협업 툴을 결제했습니다. 자료 정리를 하고 같이 일하는 동료와의 소통을 위한 목적이었는데 생각보다 복잡해서 '이럴 바에는 그냥 카톡으로 하는 게 더 편하겠다'는 생각이 생기더라고요.

이럴 때는 이 협업 툴을 활용해서 효율적인 의사소통을 진행한다는 최종 목표를 잠시 내려둡니다. 툴 자체에 대한 부담, 저항을 낮추는 시간을 갖는 거죠.

화면은 그냥 켜 둡니다. 하지만 기능을 이용하는 건 아닙니다. 저는 노트북과 아이패드를 동시에 사용할 때가 많은데요. 아이패드에 저 협업 툴을 켜두고 노트북으로 제가 해야 할 일을 합니다. 한 번씩 잠깐 쉴 때, 아이패드를 들고 협업 툴 이곳저곳을 눌러보거나 처음 보는 것처럼 소개 글을 읽어보죠.

이런 식으로 하루나 이틀이 지나 낯이 익게 되면 처음과 같은 막막함이나 스트레스는 크게 줄어듭니다. 적어도 저는 익숙하지 않은 대상에 대한 저항감이 생겨날 때 이런 식으로 '스며드는 시간'을 갖곤 해요.

공부할 때도 비슷했어요. 적당히 잘 외워지는 챕터가 있는 반면 온갖 거부감이 생기는 챕터가 있습니다. 아무리 집중하려 해도 몸이 거부하는 그런 부분이 있죠.

이럴 땐 책상 한쪽에 해당 페이지를 펼쳐 독서대에 고정해 두곤 했습니다. 그냥 놔두고, 제 일을 합니다. 하루, 이틀, 일주일… 그러다 보면 어느새 처음만큼의 거부감까지는 느껴지지 않더라고요. 그다음부터는 억지로 참아야 하는 수준의 몰입이 요구되지는 않습니다. 제 딴에는 효율적인 접근법이라고 생각해서 이런 식으로 공부했어요.

물론 이런 스며드는 방식 말고 체계적이고 강압적인 분위기에서 집중이 더 잘 되는 경우도 있을 겁니다. 하지만 그 방법으로 성과가 잘 나지 않는다거나 번아웃에 빠진 상황이라면 강압적이 아닌 다른 방식으로도 해볼 수 있다는 걸 이야기하고 싶었어요.

메시지보다
분위기

📌

활동하고자 하는 온오프라인 공간에서도 비슷한 접근법을 취해볼 수 있습니다. 이 부분이 생각보다 중요한데요. 많은 사람이 '온라인 공간에 어떤 게시글을 써야겠다', '전문적인 작업물을 보여줘야겠다'와 같은 자신이 취하는 행동에만 집중하기 때문이에요.

예를 들어 웹소설 작가 커뮤니티에 방문해서 글을 쓴다고 가정해 볼게요. 이 상황에서 저항감을 느낀다면 그것은 '게시글 올리기'라는 내 행동 외에 '해당 커뮤니티에 대한 거부감'도 있을 겁니다. 그럼에도 저 커뮤니티 내에서 활동하고 인지도를 올려야 한다면 내 저항감을 낮춰야 합니다.

처음 방문한 커뮤니티는 낯설고 어색하게 느껴질 수 있습니다. 끼리끼리만 친한 것 같고, 무슨 성과를 올렸느니 어디에서 수상을 했느니 하는 게시글을 보아하니 한자리씩 차지한 대단한 사람들인 것도 같고요. 댓글에 날이 서 있는 경우도 종종 있네요. 험한 말이 오가기도 하고요.

하지만 힘을 덜 들이고 커뮤니티에서 활동하려면 일단 이 분위기에 익숙해져야만 합니다. 수영을 배울 때 물에 익숙해지는 게 먼저인 것처럼 행동을 먼저 할 게 아니라 우선은 그 분위기에 익숙해지는 것이 핵심입니다.

여기서 주의할 점은 그들의 '메시지'에 넘어가는 게 아니라 '분위기'에 익숙해져서 그들의 반응이나 태도 등으로 상처받지 않아야 한다는 겁니다. 가령 수험생 커뮤니티에서 글을 쓰는 것을 목표로 하는 사람이 있다고 해볼게요. 그는 그곳에서 본인의 노하우를 공유하거나 소통을 하고 싶습니다.

그런데 처음 방문한 그 커뮤니티는 생각보다 무섭게 느껴집니다. 글에 날이 서 있고, 의대 아니면 무시하는 분위기도 있고, 공부 노하우를 논하는 글에 '너는 그래서 몇 등급인데?'라는 댓글이 달리기도 하고요.

여기서 '메시지'와 '분위기'의 차이는 무엇일까요? 메시지는 '의대 아니면 답이 없다'라거나 '전국 0.1% 최상위권이 아니라면 노하우를 말하지도 말라'라는 거고요. 분위기는 '다들 날이 서 있어서 민감하게 반응한다'입니다.

후자에 대해 익숙해지라는 건, 나에 대해서도 사람들이 저렇게 반응할 가능성이 존재하며 이는 '내가 잘못해서가 아니라 원래 그럴 뿐'이라는 식의 판단을 내려보라는 겁니다. 그리고 이 판단은 메시지가 아닌 분위기에 배어들어야 자연스레 이루어집니다.

최악의 선택은 뭐냐면요. 그들의 메시지에 감염되는 겁니다. '의대 붙을 점수가 아니면 입도 뻥끗해서는 안 되는구나'라거나 '쟤는 뭔데 노하우를 얘기해?', '숙면하는 법? 숙면해서 서울대 붙었나?' 이런 식으로 몰드는 것에 주의해야 하는 거죠.

주목받지 못하고
발언권도 없어요

대부분의 커뮤니티 혹은 카테고리에는 '암묵적인 발언권'이 존재합니다. 말을 할 수 있는 최소한의 조건이 존재한다는 뜻인데요.

사실 '돈 버는 이야기'를 한다면 돈에 관한 이야기보다 돈을 많이 벌어본 이들의 발언에 관심이 더 쏠립니다. 실패한 경험을 나누는 자리라면 누구나 본인의 이야기를 자유롭게 말할 수 있을 것 같지만 실질적인 성취를 해낸 이들에게 말할 기회가 몰리게 됩니다.

역설적이지만 그렇습니다. 온라인과 오프라인 모임 모두 비슷해요. 모두가 공평하게 이야기하는 것처럼 보여도 그렇지 않습니다. 결국 몇몇 이들이 독점하는 것이 현실입니다.

환영받을 만한
'꺼리'가 없어서

사람들이 내게 관심을 보이고 환영해 주기를 바라지만 발언권이 없는 이들은 '기대와 현실의 거리감'에 가로막힙니다. 나도 주목받고 싶다는 것이 '기대'라면 환영받을 만한 꺼리(성과)가 있어야 사람들이 내 이야기를 들어준다는 것이 '현실'입니다.

이 거리감을 잘못된 방식으로 극복하는 대표적인 사례가 '내가 아는 사람이…', '내가 읽은 책에서…' 등 내가 주체가 아니라 다른 곳에서 권위를 빌려와 사람들의 호기심을 일시적으로 유발하는 방법입니다.

이 자체가 나쁜 건 아니지만 나중엔 공허함이 훨씬 커질 수 있어요. 당장은 사람들이 궁금해하고 귀 기울여주니 기분은 좋지만 아쉽게도 오래 가는 것은 힘듭니다. 왜냐하면 사람들이 '내 생각'에 공감하고 반응하는 것이 아니라서 채워지지 않는 심리적인 결핍이 존재하니까요.

맞는 비유인지는 모르겠지만 진정한 친구를 원하는 사람이 먹을 것을 사 주면서 친구를 일시적으로 사귄 경우라 볼 수 있어요. 친구와 함께하는 그때는 행복할지도 몰라요. 하지만 맛있는 음식을 사 줘야 가능하다면, 이를 언제까지 계속할 수 있을까요?

최소한의 발언을 위한
입장티켓

📌

앞서 설명한 발언권이 '성과'와 유관했다면, 이번에는 조금 다른 발언권 이야기해 볼게요. 대단한 성과는 없더라도 실질적인 경험을 묻는 경우인데요. 제가 이때 종종 드는 비유는 군대입니다.

13살 남자아이가 군 생활에 관한 공부를 열심히 합니다. 전역한 이들의 인터뷰, 책, 커뮤니티에 올라온 이야기 등 직간접적 지식을 모조리 습득했어요. 아마 아이는 그 누구보다 지식이 풍부할 겁니다. 그런데 이 아이가 군 전역자들 사이에서 군 생활에 대해 조금이라도 아는 척을 하면 어떤 반응이 나올까요? 대부분 '그래서 군대에 언제 갈 건데?'라는 식의 비아냥 섞인 반응을 보이지 않을까요? 아이가 말한 내용이 아무리 객관적인 사실이라도요.

사람들은 자신의 의견을 드러내려다 이 지점에서 망설입니다. 다시 말해 앞서 언급한 첫 번째 발언권(성과)이 없어 환영받지 못한다는 생각에 전략을 바꿨지만 두 번째 발언권인 '경험의 유무'에 따라 역시 환영받지 못할 수 있다는 이야기입니다.

이때 잘못된 판단을 할 수 있어요. 위에서 예를 든 아이의 경우를 보자면 '책을 더 많이 읽었어야 했는데', '게시물을 더 많이 올렸어야 했는데' 하는 생각을 하는 거죠. 그런데 그게 아닙니다. 지식의 양은 중요하지 않아요. '그런 상황에 처한 적이 있느냐'가 핵심인 분야에서 '경험이 없지만 유명한 책에서 이렇게 말했어'라고 들이밀어봤자 기대하는 반응을 얻을 수 없습니다.

대단한 성과가 아니어도 됩니다. 하지만 경험, 상황, 리스크에 있어야 입장할 수 있는 몇몇 분야가 있습니다. 여기에 진입할 때는 진입 가능 여부를 체크해야 최소한의 발언권이라도 가질 수 있어요. 입장 티켓이 없다면 다른 접근법을 고안해야겠지요.

내가 타깃이 되는
시장을 노려라

그러면 평범한 나는 어디에서 발언권을 얻을 수 있을까요? 언제까지고 남들에게 감탄하고 박수 보내는 포지션에 있고 싶지 않다면요. 이 포지션이 나쁘다는 뜻이 아닙니다. 다만 사람들이 내게 귀 기울이기를 바라는 이들은 심한 갈증을 느낄 수밖에 없지요.

답은 '나를 타깃으로 하는 사람들을 노려보는 것'입니다. 나를 타깃팅하는 비즈니스 모델을 떠올려 보세요. 특출나지 않은 나라도 환영받지 않을까요? 저는 그렇다고 생각합니다.

내 시간과 돈을 목적으로 하는 사람들은 나의 솔직한 생각이 매우 중요합니다. 본인의 이익과 직결되기에 그렇습니다.

대학생 시절 자주 가던 가게가 있었습니다. 대학교 4학년 때였을 거예요. 주로 덮밥류를 파는 괜찮은 밥집이었습니다.

자주 가다 보니 사장님과 안면을 트게 되었어요. 중년의 사장님이셨는데 20대 대학생의 취향을 맞추려고 노력하시더라고요. 메뉴판에 당시 유행하던 표현, 단어, 문구를 넣기도 하셨습니다. 그런데 솔직히 젊은 감성이 느껴지기는커녕 많이 올드했어요. 어설프게 이도 저도 아닌 느낌이 강했죠.

저는 뭐, 메뉴 이름 때문에 가게에 가는 건 아니었으니 저의 이런 생각을 말하진 않았습니다. 괜히 제가 훈수 아닌 훈수를 둔다면 사장님이 기분 나쁠지도 모르고, 먼저 물어본 것도 아니었고요.

그러던 어느 날, 음료 발주를 넣던 사장님이 제게 요즘 학생들은 어떤 음료 좋아하냐고, 환타랑 콜라랑 사이다 정도면 충분하냐고 물어보셨어요. 그때 저는 '제로' 음료를 메뉴에 넣어보라는 말씀을 드렸습니다. 당시에도 제로 음료 선호도는 꽤 높았거든요.

사장님은 조언이라고 부를 수도 없는 이 작은 한마디에 매우 기뻐하셨어요. 그러고는 다른 질문도 쏟아

내기 시작했습니다. 학생들 사이에서 자기 가게 평가가 어떠냐, 맛있다고 소문이 나서 줄을 서는 저 가게는 어떤 학생들이 소문을 내주는 거냐….

저는 이에 대한 답과 더불어 그동안 참아왔던 '올드함'에 대해서도 이야기했어요. 당황하하긴 했지만 그런 말을 해줘서 고맙다는 말씀을 몇 번이나 하시고 그날의 식사는 돈을 받지 않으시더라고요.

별것 아닐 수 있는 이때의 기억이 꽤 또렷이 남아있는데요. '나를 타깃으로 하는 이들 입장에서는 잘난 거하나 없는 내 생각도 무척 중요하다'는 것을 체험했기에 그렇습니다.

저는 그 뒤에도 이 가게를 계속 방문했어요. 대화를 나눌 때마다 제가 얻어가는 것이 있었습니다. 바로 사장님의 생각 흐름이었죠. 50대 전후의 사장님이 20대를 타깃으로 삼을 때의 사고 회고를 적나라하게 엿볼수 있었거든요. 이건 요즘도 요긴하게 사용하는 전략입니다.

이렇게 알게 된 '50대 사장님의 대학생 타깃팅 전략'을 재료 삼아 해당 나이대의 사장님을 만나면 설득할 재료로 사용하곤 합니다. "혹시 이러이러한 생각을 하고 계시지 않느냐?"라고 이야기를 던지면, 어떻게 알았냐는 반응이 돌아올 때가 꽤 많습니다.

나를 노리는 이들의
행동 패턴을 뜯어보자

'나를 환영해 주는 분위기'가 아니어서 우울해지고 힘이 빠진다면 이완 연습과 함께 '나를 타깃으로 하는 이들은 누구인가'라는 질문에 대해 고민해 보세요. 그리고 그들과 이야기를 나눠본다면 그들의 사고방식을 알게 됩니다.

그들이 어떤 오해를 하고 있는지가 보인다면 그들에게 소비자가 중요하게 생각하는 포인트를 알려주는 포지션을 잡아보는 것도 방법입니다.

아직도 기억에 남는 특이한 고등학교 친구가 있습니다. 당시 한국사 선생님이 두 분이었는데요. 한 분은 앞의 다섯 반을 맡으셨고, 다른 한 분은 뒤의 다섯 반을 맡으셨습니다. 뒤 반이었던 저는 아주 상세한 내용으로 진행되는 선생님의 수업에 겁을 먹고 이번 시험 정말 어렵겠다는 생각을 했지요.

그런데 그 친구가 앞 반을 들락거리더라고요. 나중에 알고 보니 '어차피 시험은 한 학년이 다 같이 보는 것이니 앞 반에서 다루지 않은 내용은 시험에 나오지 않을 거다'라며 앞 반과 뒤 반의 수업에서 겹치는 내용을 체크했다고 합니다. 이 친구의 내신이 좋았는지는 기억나지 않아요. 하지만 지레 겁을 먹은 저와는 달리 차분한 태도가 인상 깊었습니다.

이처럼 '나를 노리는 이들의 사고방식'을 먼저 뜯어보는 것이 중요합니다. 정답이 정해지지 않은 분야에서는 더욱 그래요. 무언가 확실한 공식이 존재해서 문제를 해결할 수 있는 것이 아니라면, 다른 사람들의 행동 패턴을 예측해야 하는 분야라면 더더욱 그렇습니다.

뒤처진 기분에
조바심이 들고
우울해져요

다들 쉽게 자리를 잡는 것 같은데 나만 바둥대며 살아가는 것 같습니다. 특히 SNS가 조바심, 허탈감, 번아웃을 유발하는 데 크게 일조하는 듯요. 여기저기서 큰 돈을 벌고 있다며 자신을 따라 하면 자기만큼 성취할 수 있다고 외치니까요.

이런 글들을 보고 있노라면 나도 그들 못지않게 열심히 살고 그들만큼 실력도 있는 것 같은데 뒤처진 기분이 들고, 풀이 죽어 핸드폰만 만지작거리게 되죠.

제가 생각하는 이에 대한 대처법은 크게 '카테고리 싸움'과 '그래서는 안 된다는 강박에 체크'해 보는 것입니다. 먼저 '카테고리 싸움'에 대해 이야기해 볼게요.

결국은 독자적인
카테고리 싸움

📌

앞에서 이야기한 것처럼 수학 과외 아르바이트를 구할 때 저는 타깃을 '문제를 보자마자 풀이 과정이 떠오르지 않으면 울먹이는 학생'으로 잡았습니다.

다소 요상해 보이지만 독자적인 포지션을 취하면 비교로 인한 스트레스가 줄어듭니다. 왜일까요? 바로 '나와는 다른 게임을 하는 이들'이라는 생각이 들어서 그렇습니다.

과거 일화를 하나 소개할게요. 바람직한 내용은 아니지만 솔직하게 이야기하겠습니다. 중고등학생 시절 저는 책을 읽지 않고 독후감을 써도 상을 타곤 했습니다. 우연히 보게 된 독서 감상문 채점 기록표 때문일지도 몰라요(물론 아닐 수도).

모든 독후감 대회가 그렇지는 않겠지만 당시 제가

다니던 학교에는 채점 기준이 있더라고요. 시의성, 맞춤법, 본인의 경험을 바탕으로 한 해석 등 각 요소가 독후감에 잘 담겨 있는지를 보고 이를 점수 매기는 방식으로 평가했죠. 그래서 저는 각 요소가 글에 잘 녹아있는지를 중점으로 글을 구성하고 작성했습니다.

이 이야기를 하는 이유가 있습니다. 당시 친한 친구 하나는 저와는 달리 춤을 기가막히게 잘 췄어요. 인기가 참 많았지요. 그런데 저는 이 친구가 전혀 의식되지 않았습니다. 그 친구 또한 제가 글을 잘 써서 상을 받았다고 해도 관심이 하나도 없어요. 앞서 '나와는 다른 게임을 하는 이들'라는 표현을 쓴 이유가 이 때문입니다.

게임을 즐기지 않는 제가 RPG 게임에서 희귀한 아이템을 얻어냈다거나 높은 레벨을 달성해서 신이 난 친구들을 공감할 수 없는 것과 마찬가지로 이 친구와 저를 '서로 다른 게임을 한다'라고 생각한 것 같아요. 그러다 보니 그 친구가 오디션을 보고 왔다거나 스타와 친분을 쌓고 있다거나 하면 '그렇군' 하는 정도의 반응을 보일 뿐이었습니다. 제가 잘 모르고 관심 밖의 분야니까요.

그런데 반대의 경우, 그러니까 내 관심 카테고리라

는 생각이 들면 소위 말하는 '꼰대' 같은 반응으로 이어졌습니다. 글쓰기에서 누군가 기발한 방식으로 성공했다면 민감하게 반응했던 건데요. 그냥 축하를 보내면 그만인 일인데 트집을 잡는다거나 '저건 별것도 아니야'라는 태도를 보인 겁니다.

제 친구와 저의 관계에 대입해 보자면 멋진 춤을 추는 이들에 대해 제 친구는 예민하게 반응할 수 있겠죠. 왜냐하면 자기 영역이라고 생각할 테니까요.

이렇듯 분야에 따라 민감도에 편차가 생깁니다. 그러므로 다른 사람은 무덤덤한데 본인은 예민한 것 같다고 해서 자책하지 마세요. 저는 이를 비즈니스에 적용하는 편입니다.

스몰 비즈니스를 한다면 '독자적인 카테고리'라는 것은 심리적인 안전장치가 되기도 합니다. 누군가는 정신 승리로, 또 누군가는 패배자의 위안이라고 볼 수도 있겠지만 저는 그렇게 생각하지 않습니다. 만약 그렇더라도 어떤가요? 하하.

앞서 언급한 것처럼 저는 특이한 관점의 비즈니스를 주로 하는데요. 과외 시장에서 수학 문제 풀이가 아닌 저항감만을 다룬다거나 하는 식으로요. 이 방식의 장점은 비교할 만한 대상이 없다는 것입니다. 그렇기에 조바심과 시기심을 상대적으로 덜 느낄 수 있어요.

물론 방금 설명한 차별화 전략은 한계가 명확합니다. 차별화할 수 없는 상황에 있는 사람도 많을 거고 차별화해도 결국에는 '얼마의 성과로 이어졌느냐'로 귀결되니까요.

이에 대해서 저는 이완법을 적용하는 편입니다. 감정이 크게 요동치거나 쌓인 감정이 폭발하거나 반대로 힘없이 흐느적대는 느낌이 든다면 스스로를 되돌아보려고 하죠. 어떤 방식이냐면요. 이것이 바로 두 번째 대처법입니다.

'그래서는 안 된다'에
해당하는 강박 체크

📌

두 번째 대처법은 내 안에 뿌리내린 '~해서는 안 된다'라는 믿음이 정확히 무엇인지를 파악하는 거예요. 예전에 네이버 블로그 주소 정책이 바뀐 적이 있습니다. 그러니까 네이버에서 기존의 블로그 주소를 고유 주소로 변경할 수 있도록 허용했는데 저는 이것을 기존의 주소와 새로운 커스텀 주소, 두 개 다 접속되는 거로 판단했어요.

하지만 그 의미가 아니었고 결국 제 블로그의 수백 개, 개인 웹사이트까지 포함하면 천 개는 족히 넘는 링크가 한순간에 무용지물이 되어 버렸지요. 심지어 제 전작의 책날개에 적힌 블로그 주소는 아예 접속이 안 됩니다. 그래서 활동하지 않는다는 오해를 하는 사람도 많아요.

이때의 허탈함이 얼마나 오래가던지요. 억울하고 화가 나는 게 정상이겠죠? 이때 분노의 상황을 '~해서는 안 된다'라는 문장 공식에 맞춰 표현해 봅시다.

"노력은 절대 헛수고가 되면 안 돼."

"내 노력을 사람들이 알아줘야 해."

이런 문장이 떠오르는데요. 내 노력은 헛수고가 돼서는 안 되는데 헛수고가 되어버렸다는 사실에 '당황-분노'가 일고, 내 노력을 사람들이 알아줘야 하는데 정책 변경으로 '더 이상 활동하지 않는다'는 오해를 받았으니 더 말해 뭘하겠어요. 이런 상황에서 이완의 대상은 바로 이 문장입니다.

"헛수고가 되었구나."

이 생각과 함께 따라오는 신체 감각을 하나씩 느껴보는 것을 목표로 해보는 겁니다. 억지로 '생각-감정'을 바꾸는 게 아닙니다. '유명인들은 모두 고난을 겪었어'라고 분위기를 끌어올리지 마세요. 신나는 음악을 들으면서 기분을 바꾸려고도 하지 마세요. 내 몸 어디에서 어떠한 반응으로 무기력함이 나타나는지 파악하고 끝까지 느껴보는 겁니다.

저는 풀이 죽어 몸이 쳐지고 힘이 빠지더라고요. 타이밍도 기가 막히게 카카오톡 메시지가 여럿 옵니다.

"어? 알려 주신 링크가 접속 안 되는데요?"

더 우울해지지요. 이를 최대한 느껴보자고 결심했습니다. 무기력함의 끝을 느껴보자. 더 와봐. 더, 더.

이렇게 수용하다 보면 어느새 졸고 있는 저를 발견합니다. 이것이 습관이 되면 부정적인 감정이 빠르게 스쳐 가는 것을 몸으로 느끼게 돼요. 제가 그랬는데요. 20분 정도 아무것도 하지 않고 이 느낌을 그대로 느껴보며 앉아 있으려니 저도 모르게 깜빡 졸았고 눈을 뜨자 감정의 누적물이 거의 남아있지 않다는 것을 알게 되었어요. 이제 블로그에 글을 쓰면 됩니다.

"링크가 다 날아갔습니다. 슬퍼요. ㅠㅠㅠ"

절대 이래서는 안 된다는 믿음의 뿌리를 파악하고 이에 대처하는 이완 연습을 병행한다면 감정의 주도권을 잃어버리는 일이 덜 발생합니다. '~이어야 해'라고 단정해 버리는 마음속의 믿음을 찾아보세요.

◆ 이 그룹에서 제일 잘 나가는 사람은 나여야 해.

◆ 내가 준비한 프로젝트는 무조건 환영받아야 해.

◆ 나보다 구독자 수가 적은 이들은 나를 존경해야 해.

◆ 내 수입에 맞는 대우를 받아야 해.

◆ 큰 노력 없이도 잘 나가는 여유롭고 친근한 이미지여야 해.

이런 방식으로 찾다 보면 자신을 적나라하게 분석한다는 느낌이 들 겁니다. 저 또한 인정과 무시에 대한 잘못된 믿음이 많았어요. 지금도 많이 남아있고요. 노력하고 있습니다. :)

대체되거나
사라질까 봐
걱정돼요

열심히 공부해서 원하던 자격을 취득하고 걱정 없는 평화로운 삶이 유지된다면 묵묵하게 자신의 길을 걸어갈 수 있을지도 모릅니다. 하지만 그렇지 않지요.

자고 일어나면 처음 들어보는 기술이 새롭게 나오고, 특정 산업은 AI에 대체된다고 겁을 줍니다. 이때다 싶은 수많은 광고가 미리 대비하지 않으면 큰일 난다며 호들갑을 떱니다.

하지만 저는 이런 상황을 부정적으로만 보지는 않습니다. 원래 미래 예측은 그 시점에서 가장 그럴듯한 논리로 만들어지는 게 일반적이니까요.

이런 불확실하고 겁주기로 가득한 현실에서 열심히 노력하는 것만큼 중요한 것이 '나의 선택이 미래에도 그 가치가 유지될 것인가'입니다. 생각만 해도 스트레스 받는 주제네요.

'인기 작가 A와 작가 지망생 B' 비유에서 설명했듯 인기 작가 A는 글을 쓰면 바로 돈으로 이어집니다. 몇 달 동안 강연이 꽉 차 있을지도 모르고요. 조금 먼 미래에는 그가 이야기하는 주제의 가치가 떨어질 수 있지만 당장은 괜찮습니다. 그래서 고민하지 않아요.

하지만 작가 지망생 B의 입장은 다릅니다. 앞으로 오 년, 십 년 노력해야 자리를 잡을 텐데 그사이 출판이 사양산업이 되어버린다면…. 아휴, 생각만 해도 머리가 아프네요.

내 미래를 확실하게
예측할 수 있나

✐

안타깝게도 미래는 예상할 수가 없습니다. 만약 전문가들이 떠드는 미래 전망에 흔들린다면 이삼 년 뒤로 시간을 돌려 당시 경제전문가들이 말했던 기사를 검색해 보세요. 맞는 것도 있지만 말도 안 되는 전망도 많을 겁니다. 물론 그땐 그럴듯하게 느껴졌겠지만요.

만약 지금 당신이 하고자 하는 일이 시대의 흐름이나 유행을 크게 타지 않는 거라면 이 주제로는 걱정할 필요가 없습니다. 다행이죠. 하지만 시대의 흐름에 영향을 받는 분야라면 '차라리 다른 것을 할까?'라는 생각이 하루에도 수십 번씩 들지 몰라요. AI의 성장세로 이 불안함이 극대화되기도 할 거고요.

요즘 제가 가장 많이 받는 질문은 이것입니다.

"단순한 사실 기반의 포스팅을 쌓아가고 있는데, 이런 류의 포스팅은 AI가 잘하는 영역이에요. 시간이 갈수록 사람들은 블로그에 방문하지 않고 AI를 활용할 것 같은데 지금의 방향을 계속 밀고 가는 것이 맞을까요?"

저는 AI의 진화에 상관없이 '나만의 관점 기반의 글이 중요하다'라는 이야기를 강조했습니다만, 사실 이에 대한 답은 무의미하다고 생각해요. 아무도 모르니까요. 다만 리스크를 조금 줄여 볼 수는 있겠지요.

무슨 말이냐면요. 플랜A와 플랜B의 교집합을 어떻

게든 찾아 해당 포지션에 본인의 위치를 잡으라는 것입니다. 예를 들어 당신은 애드센스●를 통해 수입을 올리려는 마음을 먹었고, 이를 위해 글을 써서 합격점을 얻어내기로 결심했습니다. 그런데 AI의 영향력에 대한 걱정이 커져서 '차라리 감정평가사 자격증을 준비할까?'라는 생각이 든다고 해볼게요. (감정평가사도 AI에 대체되면 어떡할지 의구심이 들긴 하지만 일단 그 부분은 제쳐둡니다.)

이 두 가지 상황에서의 교집합은 '감정평가사에 대한 글을 쓴다'입니다. 공부하면서 복습 차원에서 글을 쓸 수도 있으니 양쪽 카테고리의 교집합 분야에서 활동할 수 있습니다. 박쥐처럼요.

이해가 되나요? 기회주의자 박쥐가 된다면 심적인 부담감이 꽤 낮아집니다. 제가 많이 해봐서 알아요. 그런데 이 엮는 방법이 와닿지 않을 수도 있어요. 그래서 제 나름대로 체계화해 봤습니다.

● 애드센스는 웹 사이트의 게시글 중간에 광고가 붙고 이에 따른 광고 이익을 얻는 방식입니다. 시작하려면 '승인' 절차가 필요해요. 구글로부터 합격점을 받는 블로그가 되는 것이 첫 스텝입니다.

본질을 찾아
교집합 만들기

🪓

    고민 중인 두 가지 선택지가 있다면, 한 카테고리의 형태에 다른 한 가지의 내용물을 채워 넣을 수 있습니다. 앞선 예의 경우 '감정평가사에 대한 글을 쓴다'에서 에드센스로부터 '글쓰기'라는 형태를 따오고, 감정 평가사 자격증에서 '자격시험 대비 공부'라는 내용물을 뽑아 합쳤습니다.

    반대도 가능할 겁니다. 애드센스의 본질은 무엇일까요? 이와 같이 해석할 수 있습니다.

'사람들이 원하는 정보를 글로 잘 요약정리하여 그들의 니즈를 채워주고 그사이에 광고를 슬쩍 끼워 넣는다.'

    이를 감정평가사 공부에 엮어볼 수 있죠. 사람들이 헷갈리거나 어려워할 만한 포인트가 어디인지, 깔끔하게 정리하면 좋아질 파트는 어디인지를 고민하며 공부하면서 이를 글로 써서 올리는 것입니다.

    감정평가사 공부 내용을 글로 정리해서 애드센스 승

인을 받는다는 전자의 아이디어보다는 억지처럼 느껴지긴 하지만, 하여튼 이 기회주의적 방법론은 다른 분야로 넘어가기에 용이합니다.

'이 부분에서 사람들이 헷갈리겠네'라거나 '목차 정리 방식을 바꾸면 더 깔끔할 텐데. 왜 이 문제집은 수험생을 헷갈리게 하지?'라고 고민하던 사람이라면 갑작스러운 '정보성 블로그 운영' 미션이 주어진다고 해도 꽤 그럴싸한 글을 쓰게 될 테죠. 어떤 맥락으로 글을 구성해야 사람들의 좋은 반응이 나올지 이미 알고 있을 테니까요.

두 가지 카테고리의 교집합 포지션이라는 것은 바로 이러한 지점을 의미합니다.

저는 요즘 영어 회화에 관심이 많습니다. 관심만 많지 잘하지는 못해요. 홍대 근처에서 운영되는 그룹 스터디 겸 과외 비스름한 모임에 몇 번 참가하다가 일정을 핑계로 더는 나가지 않고 있습니다. 학창 시절처럼 강압적인 환경에 집어넣지 않는 이상 스스로 공부하는 것이 쉽진 않더라고요. 저는 이럴 때도 '교집합'을 사용합니다.

방금 이야기한 영어 회화 공부는 제게 있어 하면 좋은데 굳이 안 해도 되는 일 중 하나입니다. 반드시 해야 하는 것은 아니지만, 안 하자니 마음 한켠에 남아 저를 괴롭히지요.

요즘 번역기가 잘 나오잖아요. 챗GPT만 해도 각종 페르소나의 특징을 살린 번역을 아주 그럴듯하게 해줍니다. 그렇다 보니 다른 뭔가를 공부하는 것이 영어 회화보다 더 나은 선택처럼 느껴지기도 하거든요.

이제 섞어볼 타이밍입니다. 그래서 저는 '영어 회화 공부'에 평소 로망이었던 '소설 창작'을 섞었습니다. 어떤 식으로 섞었을까요?

저는 소설 창작에서의 본질을 '기발한 물음'이라고 해석했습니다. '이러이러한 일이 벌어진다면 어떻게 될까?'라는 작은 물음이 이야기를 전개한다고 봐요. (이 분야에 대해 전혀 아는 바가 없는 제 개인적인 생각일 뿐입니다.) 여기에 '영어 학습'과 관련된 영역을 섞었습니다. 바로 2차 창작 아이디어를 영어로 내는 방식입니다.

2차 창작이란 원작품의 세계관, 인물 등을 빌려와 창작하는 작품을 의미하는데요. 예를 들어 〈해리 포터〉 시리즈가 원작이고 '만약 해리가 헤르미온느를 사랑했는데 론과의 사이가 신경 쓰여서 티를 내지 못한 거라면?'라는 가정으로 작성된 소설은 2차 창작입니다(당연히 저작권은 인정받지 못하고 팬 커뮤니티에만 돌아다니겠지요).

저는 해외 소설 팬 커뮤니티에 영어로 아이디어를 남겼습니다. 이 아이디어를 떠올린 건 사실 몇 년 전인데요. 《명탐정 코난》 관련 커뮤니티를 보다 보니 인기 2차 창작물 콘셉트들이 나열되어 있었어요. '코난이 급박한 상황에서 본인의 정체를 힘겹게 털어놓았는데 주변인 모두가 이미 그 사실을 알고 있었다면?' 이런 식으로요.

《명탐정 코난》을 좋아하면 흥미가 생길 만한 주제 아닌가요? 저는 단 한 문장으로 호기심을 건전하게 자극했다는 생각이 들었어요. 사실 한 문장으로 호기심을 자극하는 방법이야 많지요. 수험생들을 대상으로 "한 달만 공부해도 누구나 서울대 의대 갈 수 있다."라거나 지친 배우 지망생들을 타깃으로 "무조건 캐스팅되는 연기법!" 이런 문장도 자극적이죠.

하지만 이와는 다르게 건강한 한 문장으로 저를 설

레게 했다는 생각에 이를 연습하고 싶다는 마음이 들었습니다. 그래서 해외의 다양한 팬 커뮤니티에 여러 이야기를 영어로 올려보곤 했습니다. '이런 If 설정의 소설은 어떨까?'라고요. 실력이 아니라 기발함으로 승부를 보려는 것이었죠. '영어 회화 공부'와 '소설 창작'이라는 교집합에서 '기발함'이라는 제3의 능력까지 다질 수 있어 저에겐 아주 신선했습니다.

교집합 포지션에서
주의해야 하는 이미지

간단하게 세상의 반응을 끌어낼 수는 있지만 절대로 과해서는 안 되는 포지션이 바로 '불쌍한 이미지'입니다. 이는 운 좋게 얻어걸린 이미지와는 정 반대예요.

한 분야에서 전문성, 경험, 커리어를 쌓아가던 사람이 한순간에 챗GPT와 같은 AI로 대체되어 버렸다는 사실을 스토리로 풀어볼 순 있어요. 하지만 앞서 언급한 것처럼 알 수 없는 미래에 대한 주제는 매우 조심스럽게 접근해야 합니다. 이런 주제로 누군가로부터 동정

받는다는 이미지에 고착되면 이도 저도 못 하는 포지션에 갇혀버리니까요.

'장사가 잘 안되는 동네 카페 사장님'이라는 포지션으로 소소하게나마 인기를 끌었던 분이 있었어요. 그 사장님은 다들 관심을 갖고 찾아와서 매상을 올려주니 그 응원에 본인도 모르게 중독된 것 같다고 한 적이 있었습니다. 진정으로 상황을 반전시킬 노력을 하기보다 힘든 모습을 공개해서 얻는 응원이 목적이 되어버린 것이지요.

다른 무언가를 새롭게 시작할 때 이를 지지하는 이들이 있다면 상당한 무기가 됩니다. 하지만 그 지지가 영원할 것으로 생각해서는 안 됩니다. 그렇기에 현재 받고 있는 도움을 내가 잘하고 있어서, 즉 지금의 상황을 그대로 유지하면 된다는 신호로 해석하면 얼마 가지 않아 내게 힘을 주던 이들이 하나둘 등을 돌릴지도 몰라요.

이 정도 쌓였으면
반응이 있어야
하지 않나요?

'쌓임'이라는 표현을 자주 사용합니다. 이전 책에도 수도 없이 많이 사용했지요. 저에게 '쌓임'은 내가 세상을 보는 방식과 관점으로 내 영향을 뻗어가는 작업을 의미합니다. 강점 없는 우리는 이렇게나마 살아남아야 한다고 이야기했어요. 그렇다 보니 제 콘텐츠를 좋아하는 분들도 비슷한 맥락으로 이 단어를 사용하는 경우가 많습니다.

그런데 종종 '쌓임'에 대한 잘못된 집착을 느끼기도 합니다. 어떤 작업을 시도했을 때 세상의 반응이 미미하다면 '덜 쌓아서'가 아니라 애초에 쌓임의 방향이 잘못되었는지도 몰라요. 근본적인 기획 자체가 어긋났을 수도 있다는 의미입니다.

짝사랑 대상에게 밥을 먹자고 제안했습니다. 그런데 거절하네요. 거절의 이유가 무엇일까요? 이때 잘못된 집착이 있는 사람은 화려하고 비싼 음식이어야 했는데 부족해서 거절당한 거라고 오해합니다. 혹시 와인이 없어서 그런가 싶어 와인을 사러 가기도 하고요. 그러면서 본인은 '쌓아가고 있다'고 생각합니다. 어쩌면 거절한 그는 배가 부른 걸지도 몰라요. 아니면 그냥 싫어서 거절한 걸 수도 있고요.

본인만의 세상에 갇혀 있으면 스스로 그 패턴에서 벗어나는 것이 쉽지 않습니다. 왜냐하면 노력이 눈에 보여서 그래요. 노력의 방향이 잘못된 것을 모른 채, 세상이 알아주지 않는다며 울분에 찬 매일을 보내고 있다면 본인만에 세상에 갇혀 있는 것은 아닌지 한번 생각해 보았으면 합니다.

내가 생각하는 세상의 반응을
먼저 기록해 보자

저는 직업 특성상 퍼스널브랜딩 관련한 의뢰를 많이 받는데요. 스타트업 단위의 컨설팅이나 대기업과의 협업(사실 협업은 좀 거창하고 일을 의뢰받는 수준)도 있지만 일대일로 누군가를 만나는 일이 더 빈번합니다. 이때 현실 감각이 부족한 사람을 만나면 다음의 포인트를 강조하는 편입니다.

내가 생각하는 세상의 반응'을 최대한 구체적으로 적어두고 '실제 세상의 반응'을 접한 뒤 이를 비교하는 걸 습관화해라.

'예측-반응'의 실제값을 구하라는 겁니다. 와인이 없어서라는 생각한 직후, 와인을 사러 나간 사람의 예시에서 방금 설명한 습관을 적용한다면요.

와인을 사면서 본인의 머릿속에 그려진 이미지를 구체적으로 기록하는 겁니다. 그리고 상대에게 "와인이 없어서 그런 거지? 다 알아."라고 말을 건넨 뒤 반응을 보는 거죠. 그 반응과 본인의 예측이 얼마나 다른지 인지해야 합니다.

기록해 두지 않으면 오염됩니다. 만약 기대한 반응이 아니라면 당시에는 확신에 차서 행동했으면서도 '아, 뭔가 쎄하긴 했어'라고 과거의 자신을 부정하게 됩니다.

그러면 성장이 이루어지기 쉽지 않아요. 자신의 현실 감각을 파악해야 합니다. 어쩌면 충격요법이라고 할 수도 있겠네요. 맥락이 조금 다르긴 하지만 현실을 직면한다는 점에서는 동일합니다.

유행 그리고 플랫폼

시기별로 카테고리별로 사랑받는 플랫폼이 있지만 플랫폼의 흥망성쇠는 우리가 어떻게 예측할 수 있는 것이 아닙니다. 글을 잘 쓰는 사람이라면 어디든 플랫폼을 옮겨버릴 수 있습니다. 그 글을 받아보던 이들은 따라서 이동할 거예요. 플랫폼의 흥망성쇠가 당장의 수입에 영향을 끼치긴 하겠지만 본질이 사라지지 않는 한 생명을 유지할 수 있습니다.

플랫폼 자체에 현혹되지 마세요. 다들 쇼츠를 한다니까 나도 무조건 쇼츠를 해야겠다는 생각은 매우 위험합니다. 조급하게 채널을 개설하고 난 뒤에 이제 무엇을 해야 하나 고민이 반복될 뿐입니다.

카카오뷰를 하네 워드프레스를 하네 전자책 만들

서 그냥에 올리네. 이런 밀들 듣느면 '나노 해야겠다'가 아니라 '무엇을 할 것인가'를 먼저 고려해 보세요. 이 고민이 없으면 아무 생각 없이 만들고 방치하다가 의욕만 잃습니다.

워드프레스를 만들어서 '사과의 효능' 두어 개를 적고 난 뒤에 방치. 카카오뷰 만들어서 보드 한두 개 만들고 방치. 지극히 평범한 전자책 꾸역꾸역 만든 뒤 마케팅이 불가능하므로 방치. 퍼스널브랜딩을 시작하려고 인스타그램에 자기소개 포스팅 올리고 목표를 빵빵 외친 포스팅만 발행 후 방치.

콘텐츠를 업로드하고 플랫폼을 이용하고 있다는 느낌을 추구하다 보면 이렇게 됩니다. 외형적인 부분만 신경 쓴 것이지요. 경험을 한번 해보겠다는 마음가짐이라면 잘한 것이지만요.

귀찮음을 극복하고 꾸준하게 하는 건 쉬운 일이 아닙니다. 생존이 목표라면 플랫폼 자체에 현혹되지 말고 기획을 먼저 한 후 메시지를 고민하세요. 플랫폼은 나중에 선정해도 됩니다. 별 대단한 이야기를 하라는 것이 아닙니다. 그저 순서의 문제라는 것이지요.

기존의 사고회로가

1. 쇼츠로 돈을 많이 벌 수 있다고 하네.
2. 나도 쇼츠 해야겠다.
3. 쇼츠 주제는 뭐로 하지.
4. 잘나가는 인기 많은 주제를 시도하자!
5. 반응이 그닥, 재미없다. 이건 포기하고 다른 재미 있는 것 없나? (다시 1번으로 돌아감)

이런 방식이면 안 된다는 거예요. 내가 이야기할 내용이 뾰족하지 않고 강점이 아니어도 상관없습니다. 세상에 어떤 메시지를 전달할까, 관심을 많이 받지 못해도 내가 신나서 떠들 수 있는 주제, 내가 좋아하는 주제(카테고리)에 대한 고민이 선행되어야 합니다. 주제혹은 분야가 설정된다면 그다음에는 그 안에서 어떻게든 메시지를 뾰족하게 만들어야 합니다.

제가 강의할 때마다 하는 질문이 있습니다. "형식의 제약이 없으면 뭘 하고 싶어요?" 이때 떠올린 아이디어를 다듬어 메시지를 만들면 다음엔 그 메시지를 각

플랫폼의 성격에 맞도록 바꾸면 됩니다. 예를 들어 쇼 츠나 릴스의 형식이라면 메시지를 무조건 1분 내로 끊 어야 하는 거죠. 저는 이 순서가 바람직하다고 생각 해요.

나를 드러내기 어렵고
나아갈 방향을
모르겠어요

자격증 시험 공부, 팔굽혀펴기 개수 늘리기와 같은 혼자 열심히만 하면 되는 자기계발 분야가 있어요. SNS 글쓰기 같은 카테고리도 혼자 열심히 해야 하는 것은 맞지만 이들과는 차이점이 있습니다.

바로 '나를 드러냄'의 유무입니다. '글쓰기'가 어렵게 느껴지는 이유는 언어 능력과 유관하지만, 내적인 저항과도 관련이 있습니다. '아무것도 아닌 내가 이런 이야기를 해도 돼?'라거나 '나는 아직 준비가 덜 된 것 같은데 글을 써도 괜찮나?' 이렇게 자신을 드러내기에 저항감을 느끼는 것이지요.

동시에 방향성의 부재라고 해석할 수도 있습니다. 나를 드러내야 하는 순간에 내적 저항감을 받고 방향성에 대한 갈피를 못 잡는 상황이니까요.

'아직 부족하구나. 글을 쓰는 건 나중으로 미루고 경험을 먼저 쌓자'라거나, 글을 쓰기로 마음먹더라도 '어떠한 톤으로 쓰지?'라는 의문이 남아있거나, '유머러스하게 글을 써야 하나? 아니면 진지하게 아는 척 써야 하나? 실제 나는 그렇지 않은데' 이러한 고민은 성장 방향성에 대해 막막함을 느낄 때 누구나 하는 것이므로 심각하게 생각하지 않았으면 좋겠습니다. 중요한 고민임에는 틀림없지만, 앞서 이완 이야기를 참 많이 했잖아요. 힘을 빼 봅시다.

사랑스러운 캐릭터를
대입하라

📌

나를 드러냄에 대한 저항과 성장 방향성 부재에 대처하기 위해 제가 추천하는 방식은 호감을 느끼는 가상의 캐릭터를 떠올리고 이에 대입하는 겁니다. 드라마나 만화, 영화의 등장인물이 그 예가 될 텐데요. 왜 실존 인물이 아닌 가상 캐릭터를 설정하냐면 가상의 캐릭터들은 사랑받을 만한 요소를 바탕으로 기획되었기 때문입니다. 처음부터 어떤 성격, 말투, 외형, 습관, 상황, 삶에 대한 태도를 갖추어야 인기를 끌지 충분히 연구한 후 나왔다는 거죠. 그 연구 결과물인 캐릭터를 잠시 빌려옵시다.

특정 캐릭터를 좋아하는 이유는 다양할 텐데요. 자기가 좋아하는 캐릭터보다는 동일시하고 싶은 캐릭터를 선정하는 것이 중요합니다. 내가 되고 싶은 캐릭터를 찾아보자는 거죠. 왜 이 작업을 하는 걸까요? 시간도 없는데.

이 방식은 방향성의 부재로 발만 동동거리는 상황에서 자연스럽게 내가 추구하고자 하는 방향이 그려집니다. '내가 좋아하는 코난이 현재의 나라면 어떤 행동을 할 것인가?'라는 질문에 어렵지 않게 답이 떠오르거든요(저는 만화 《명탐정 코난》의 주인공 코난을 참 좋아했어요).

그러니까 주체를 바꿔보는 겁니다. 나는 뭘 어떻게 해야 할지 모르겠는데 '그 녀석'으로 행동의 주체를 바꾸면 당장 드라마틱한 변화가 현실에서 일어나지는 않더라도 방향성은 얼추 나옵니다.

코난 관련 콘텐츠를 못 본 지 오래되었지만, 한번 떠올려보겠습니다. 제가 코난을 좋아하는 이유는 다음과 같습니다.

먼저, 코난은 주어진 정보 기반으로 남들은 보지 못하는 의미를 발견합니다. 핵심은 '주어진 정보'가 코난에게만 주어진 게 아니라는 건데요. 분명 주변의 다른 등장인물들도 같이 사건 현장에 있었으니 증거를 공유하고 있지만, 코난만큼 깊은 사고에는 도달하지 못해요. 그래서 주변 인물들은 코난의 추리를 듣고 호들갑을 떨며 반응하지요. 저는 이 순간, 캐릭터에 대한 매력을 느꼈습니다.

또《명탐정 코난》은 특유의 '서사-감정선'이 있어요. 약을 먹고 고등학생에서 초등학생으로 작아진 주인공이 정체를 밝히지 못하고, 작아지기 전의 자신을 그리워하는 이들 옆에서 어떤 일도 할 수 없는 그런 상황에서 느끼는 무력감이 있습니다.

그리고 저는 이 작품의 그림체도 마음에 들었어요. 지금과는 다르지만 초기 그림은 정말 제 취향이었거든요.

만약 코난이라면?

정리해 보면 제가 코난 캐릭터를 좋아하는 이유는 다음과 같습니다.

- ◆ 코난의 인지력과 추리력을 동경.
- ◆ 그의 서사-감정선에 매력을 느낌.
- ◆ 그림체 등 외적인 이미지를 좋아함.
- ◆ 코난을 인정하는 주변 등장인물들의 반응이 부러움.

이제 문제로 돌아와서 '나를 드러내기 힘듦', '방향성의 부재' 이 두 가지를 하나씩 짚어봅시다.

나를 드러내지 못하는 이유 대부분은 준비가 부족하다는 등의 심리적인 저항이 주가 될 겁니다. 잠시 퍼스널브랜딩은 접어두고 '코난'이라는 페르소나를 빌려와 이야기를 해보겠습니다.

그냥 예시니까 진짜로 가본 적은 없지만 영국 여행을 다녀왔다고 가정하고 그 경험을 글로 쓰고 싶다고 해보자고요. 이를 시작으로 나는 여행 기록을 멋들어지게 풀어내는 사람이 되고 싶습니다. 욕심도 있고요.

여행 작가를 꿈꿨던 사회 초년생 시절의 두근거림이 다시 올라오는 것 같아요. 그러다 뭘 어떻게 시작해야 할지 몰라서 여행 블로거들의 글을 하나씩 읽어봅니다. 금세 풀이 죽습니다. 입이 떡 벌어지는 필력으로 여행지와 본인의 '기억-감정'을 엮는 모습에 자신은 보잘것없다고 느껴집니다. 여행을 몇 번 다녀본 경험으로 전문가인 척하는 글을 쓴다는 것이 부담스러워지고 여행과 관련해서 대단한 추억이나 경험이 있는 게 아니라는 생각에 한 발 뒤로 물러나게 됩니다.

이때입니다. 내가 좋아하는 페르소나를 불러오는 거죠. 가상의 캐릭터를 내 상황에 불러온다면 어떻게 글을 써 내려갈지 정도는 어렵지 않게 생각해 낼 수 있어요. 그러면 나가야 할 길이 보입니다.

자, 과연 코난이라면 어떤 글을 쓸까? 코난이라면 평범한 여행을 할 것 같진 않다는 생각이 가장 먼저 떠오릅니다. 분명히 살인사건이 일어났을 거고, 우여곡절 끝에 사건을 해결했겠죠. 하지만 저는 그런 일을 겪지 않았을 테니 내가 겪은 평범한 일을 글로 쓸 때 코난은 어떻게 접근할지로 시작하면 됩니다.

왠지 코난은 여행을 그다지 즐길 것 같지 않습니다.

유명한 랜드마크 앞에서도 시큰둥하며 사진 찍는 걸 귀찮아할 것도 같아요. 사진찍기보다는 본인이 좋아하는 셜록 홈스와 연결된 관광지에만 푹 빠져있을 것 같습니다(작중 코난은 셜록 홈스의 팬입니다).

그래서 코난이 글을 쓴다면 분명 제목은 '영국 여행 기록'이지만 상당한 분량이 셜록 관련 내용으로 채워지지 않을까 싶어요.

이제 우리도 저런 바이브로 글을 써볼 수 있습니다. 다른 블로거처럼 유려한 글솜씨로 여행지 한 곳 한 곳 멋과 맛을 살려 글을 쓰지 않아도 됩니다. 기억나는 하나를 골라 살짝 흥분한 치와와 같은 텐션으로 호들갑 떨면서 글을 쓴들 어떤가요?

글에 대한 사람들의 반응이 부정적이더라도 나를 향한 리액션이라기보다는 코난에 대한 반응처럼 느껴질 겁니다. 그래서 이러한 접근법은 심리적인 장벽을 부수는 데 도움을 줍니다. 나를 드러냄이 정말 어렵다면 이 접근법을 취해보세요.

그는 할 수 있고
나는 할 수 없는 것

여기서 중요한 포인트가 있습니다. 바로 코난은 할 수 있는데 나는 할 수 없는 것이 존재한다는 사실인데요. 앞서 저는 코난의 인지력과 추리력을 부러워한다고 이야기했습니다. 그렇기에 코난 페르소나를 빌려와서 글을 쓴다면 다른 사람들은 발견하지 못하고 알아차리지 못하는 무언가를 언급함으로써 나만의 차별화 포인트, 강점 포지션을 만들고 싶을 수 있어요.

그런데 문제는 할 줄 모른다는 겁니다. 그렇다면 이제 이 부분을 연습하면 되겠네요. 다른 사람들은 관광정보에 대해 어느 정도 이야기하고 넘어가겠지만, 나는 그들이 발견하지 못한 또는 그들과는 정반대의 관점에서 해석하는 연습을 할 수 있습니다. 노력의 방향성이 나왔네요. 그렇지 않나요? 즉 동일시하려는 캐릭터와 나를 비교하면서 현실적으로 추구할 이미지가 나와 맞는지 경험을 쌓을 수 있다는 의미입니다.

캐릭터의 특징, 성격, 태도 등을 불러와서 내가 취할 수 있고 거부감 없는 특징을 그대로 가져와 글을 써봅시다. 아마 어렵지 않게 글이 나올 겁니다. 내가 쓰는 게 아니라 캐릭터가 쓰는 거니까요. 그리고 당연히 내가 가지지 못한 캐릭터만의 강점이라거나 특징도 있을 거예요. 이런 강점이나 특징을 기르는 여정을 기록하는 사람이 돼보세요. 응원하는 이들이 생길 것입니다.

저는 미국 드라마 〈슈츠(Suits)〉도 참 좋아합니다. 주인공 몇몇이 하차한 후로는 더 이상 보지 않지만, 그래도 여전히 좋아하는 드라마 중 하나입니다.

캐릭터 하나하나가 마음에 들어요. 그중 '하비 스펙터'라는 변호사 캐릭터는 아직도 기억에 남습니다. 이 인물은 초반에는 '강인함' 하나로 설명이 가능합니다. 하버드 로스쿨을 나와 뉴욕에서 난다긴다하는 변호사들 사이에서 압도적인 승률을 자랑하지요.

항상 자신감에 차 있고 건방지며 자기가 잘난 걸 잘 아는 듯 즐기는 그 캐릭터를 왜 좋아하나 곰곰이 생각해 보니, 저는 하비 스펙터가 변호할 때의 분위기에 끌리더라고요. 누군가를 설득할 때 그는 말의 속도가 꽤 빠릅니다. 자신감은 기본으로 깔려 있고요. 비난을 듣거나 불리한 상황에서도 흔들리지 않고 문제해결을 중

심에 두고 다음 스텝을 떠올리는 데 능합니다.

이제 캐릭터를 적용할 현실의 나로 돌아왔습니다. 문제점이 보이네요. 아마 하비 스펙터의 매력을 이루는 대부분의 요소를 가져올 수 없을 겁니다. 하비는 하버드를 나왔고 수많은 승소 경험을 바탕으로 콧대가 높거든요. 돈도 많고요. 그런데 현실의 나는 그렇지 않잖아요? 그렇다면 하비의 매력 포인트 중 손이 닿을 것을 찾아봐야겠네요.

◆ 목소리의 높낮이, 말의 속도를 자유자재로 구사하며 호소력을 높임.

◆ 섣부르게 본인의 약점을 먼저 이야기하지 않음.

이런 캐릭터의 특성은 가져올 수 있겠죠? 이렇듯 나를 드러내자니 두렵지만 드러내야 할 때 톤, 맥락, 성장의 방향성을 어떻게 갖춰야 할지 모른다면 내가 좋아하고 닮고 싶은 누군가를 불러오세요. 그리고 현실적으로 취할 수 있는 것과 취할 수 없는 것, 그 이미지에 도달하기 위해 갖춰야만 하는 실질적인 노력의 경로를 쭉 적어 보는 겁니다.

○
이 분야
저 분야,
방황하고 있어요

아닐지도 모르고, 아니라면 좋겠지만 당신이 그 분야에 몰두하는 이유는 진심이 있어서라기보다 미지의 세계에 대한 동경일지 모릅니다. '웹소설 창작'에 대해 전혀 모르는 사람의 관점에서 웹소설 분야는 '좋아 보이는' 대상 중 하나일 수도 있다는 이야기입니다. 그래서 뛰어드는 거죠.

하지만 안타깝게도 이 '좋음'의 대상이 '미지의 영역'으로 남아있어야 유지되는 사람이 있습니다. 처음에는 낯선 곳으로 여행을 떠나는 기분일 거예요. 미지의 영역을 개척하는 느낌에 괜스레 두근대고 설레지요.

그리고 그곳에 도착하면 안개가 걷히고 윤곽이 보여요. 서서히 설렘은 식어가지만 아직까진 별문제 없어 보이네요. 여기저기 다니다가 마음에 드는 장소를 발견해 정착할 수도 있으니까요.

아직 분야를 정하지 못했을 뿐 '내게 맞는 분야'를 찾기 위한 이유 있는 방황에 해당한다면 문제가 될 건 없습니다. 다만 들뜸과 신남의 근거가 그저 미지의 영역에 대한 기분 좋음이라면 스스로 되돌아볼 필요가 있다는 것입니다.

방황의 이유가
인풋 중독이라면

🔨

저는 유달리 미지의 영역에 대한 호기심이 많고 여기저기 방황하는 사람을 많이 만나보았어요. 저 역시 어느 정도 이 부류에 속하기도 했고요.

이런 포지션의 장점은 부담을 가질 필요가 없다는 점입니다. 잘 모르는 미지의 영역이잖아요. 엄청나게 잘할 필요가 없습니다. 초심자인 나에게 다들 친절하죠. 못해도 그만이고 잘하면 '유망주'라고 하니, 이거 남는 장사인데요?

그러나 경쟁을 과하게 두려워하거나 비교당하기 싫어 자기 모습을 드러내지 않으려고 할 때 미지의 영역에 대한 방황은 중독이 되기 쉽습니다.

이렇게 중독이 되면, 망상의 세계관이 무너지는 일 없이 계속해서 이어집니다. 예를 들어 '절대 거절당하지 않는 무적의 협상 스킬'을 어느 유튜브 영상에서 봤다고 해봅시다. 저런 스킬이 존재한다고 믿고 이를 찾아 헤매겠죠? 그렇게 '말 잘하는 법' 분야에 푹 빠졌는데 배우면 배울수록 공허합니다. '거절을 당하지 않는 협상 스킬'과는 거리가 멀다는 생각이 들기 시작하죠.

이때라도 자기 생각이 망상이었다고 판단을 내리면 좋을 텐데, 아직 쾌감이 상당히 남아있어요. 뭔지 모를 저런 스킬만 얻게 되면 나도 성공할 수 있다는 망상이 주는 쾌감 말입니다. 그렇기에 이를 놓지 못하고 저런 망상을 유지할 수 있는 다른 분야로 넘어갑니다.

이번에는 뭐가 있을까요? '절대로 거절당하지 않는 무적의 윙크법'에 빠진다고 해볼까요? 뭐든 좋습니다. 망상을 망상으로 돌려막기 위해 이런저런 분야에 기웃

댑니다. 그런데 당신이 기웃대는 분야는 지극히 평범할 지도 몰라요. 그저 망상을 채우기 위해 이 분야 저 분야를 헤매는 것은 아닌지 생각해 보아야 합니다.

망상과 현실의
경계 긋기

보고 싶은 영화를 고를 때는 잘 모르는 세계에 대한 흥미를 기준으로 결정해도 괜찮습니다. 무슨 영화인지 모른 채 극장에 들어가도 큰일나지 않으니까요. 최악의 경우 두세 시간 날릴 뿐이죠. 그리고 날려버린 그 시간도 나름대로 의미를 찾으려면 찾을 수 있다고 봅니다.

하지만 삶의 중대한 선택의 기로 앞에서 미지의 영역이라는 이유 하나로 들떠서 선택하는 것은 옳지 않습니다. 주제넘은 조언이긴 합니다만, 제 개인적인 경험을 기반으로 솔직하게 말하자면 지금까지 당신 거쳐온 다양한 분야에서 카테고리를 결정하는 것은 어떨까요? 새로운 분야, 재미있어 보이는 분야를 계속 헤맨다고 해도 드라마틱한 변화가 찾아오지 않을 수 있으니까요.

망상을 망상으로 돌려막고 있다면 조금이라도 빨리 망상과 현실의 경계를 긋는 일이 필요합니다. 덮어두고 '다 가능해! 다 이룰 수 있어!'라고 이야기하면 편하긴 합니다. 후기도 더 좋을걸요?

그런데 이 이야기를 길게 한 건 제가 과한 망상에서 살아보았기에 그 답답함을 잘 알고 있어서 그렇습니다.

당신의 망상은 안녕한가요?

망상의 영역에서 허우적대면 당장은 기분이 좋을 수 있어요. 대단한 아웃풋을 만드는 과정 같기도 하고, 다들 좀비처럼 하루하루를 보내는데 나는 주체적으로 산다는 기분도 드니까요.

이 경험을 공유하는 이들이 많다면 그 만족감은 더 커지겠지요. 그렇기에 더더욱 본인의 상황을 긍정적으로만 해석할지도 모릅니다.

여기까지는 별문제 없습니다. 본인의 선택으로 망상에 빠졌을 뿐이고, 그 결과는 본인이 책임지면 되니까요. 진짜 문제는 실체가 없는 저 일시적인 '기분 좋음'이 대단한 일이라는 느낌에 쏙 빠져서 다른 이들도 망상에 동참시키는 거예요.

본인의 '기분 좋음'이 측정 불가능한 메시지로만 구

성되어 있냐면 신시아게 생각해 보세요. 언센가 쌩쌩한 걸 얻게 될 거야'라는 모호한 기분 좋음이라고 해도 나름의 근거가 있을 겁니다. 흐릿하게 형태만 보이는 그 실체가 선명하게 보이도록 근거에 초점을 맞춰보세요.

아마 대부분은 초점을 맞추고 싶지 않을 겁니다. 왜냐하면 형태가 분명해지는 순간 망상이었다는 것이 드러날 테니까요. 그렇기에 선명한 눈이 아닌 뭔가에 취한 '헤헤' 모드를 선택하는 것일지도 모릅니다.

초등학교 3, 4학년 때 저는 말도 안 되는 저급한 수준의 초초초단편 추리소설을 쓰고서는 부모님께 자랑했습니다(부모님은 읽느라 반응해주느라 고역이었을지도 몰라요).

소설의 마지막 문장을 "멀리서 들려오는 경찰차 사이렌 소리가 흐느끼는 그의 울음을 덮었다." 뭐 이렇게 뽑았던 것 같습니다. 아마 어딘가에서 본 표현을 따라 했을 거예요. 그 차용한 문장을 되게 뿌듯해했던 것 같습니다. 나를 멋있다고 생각했나 봐요. 부모님도 참

세 부모님은 꽤 특이한 식업이었을 겁니다. 공룡 색들…로고 돌을 주워다가 공룡알이라면서 모셔두고 절다…로 못 버리게 한다거나 《예담이는 열두 살에 1,000만…원을 모았어요》에서 주인공 예담이가 집 앞에서 중고…물건을 판매해서 돈을 벌었다는 것을 읽고는 집에서 육개장 사발면 몇 개를 들고 나가 길거리에 좌환을 벌려놓고 스케치북에 '500원' 써놓았다가 부모님을 마주치기도 했거든요.

다시 저 추리소설 이야기로 돌아와서, 학교 친구와 선생님도 다들 저 문장을 좋아했습니다. 저는 마법의 문장을 발견한 것 같아 기분이 좋아졌습니다. '저 문장 유형만 사용하면 사람들의 호감을 자아내는 글을 쓸 수 있겠다'라는 생각이 든 거지요.

'유명 작가가 되어 돈도 많이 벌 거야'라는 생각도 한 것 같아요. 이제 망상의 영역으로 들어갑니다. 왜냐하면 마구 상상해도 될 것 같은 최소한의 근거가 만들어졌으니까요.

저 문장으로 인기가 많아질 것 같습니다. 내가 좋아하는 아이에게 당당해질 것 같고 정식으로 책을 내서 서점에서 친구들에게 자랑하는 상상도 해봅니다. 눈

모님도 기뻐하시겠죠? 나와 비슷한 나이대의 야쿠바
우처럼 유명해져서 돈도 많이 벌 수 있을지 몰라요.

흐릿하게 보이는 당시의 이 기분 좋음은 친구, 부도
님, 선생님이 내게 칭찬하는 상황이 어렴풋이 인지도
었기 때문입니다. 그래서 구체적인 프로세스는 모르
겠고 기분이 좋고 다 잘될 것 같은 거예요.

이제 초점을 맞출 시간입니다. 조금씩 초점을 맞춰
봅시다. 기분 좋음의 근거는 여기저기서 칭찬받은 거
다입니다. 그것도 표절 문장 하나 가져와서요. 초등학
교 4학년이 뭘 얼마나 잘해야 하기에 이런 얘기를 하
나 할 수도 있을 텐데요. 그냥 예시로 봐주세요. 가혹
한 기준이긴 하지만 이런 현상이 나이와는 무관하게
벌어지고 어른조차 그 심각성을 잘 모르기 때문에 하
는 이야기입니다. (비판의 대상이 되는 사례를 가져오기가
애매해 저를 가져왔습니다. 제가 제 욕을 하는 건 아무도 다치
지 않으니까요.)

이제 초점을 맞췄더니 보이는 건 막막한 현실입니
다. 다음 편 추리소설은 또 어디서 카피해야 할지 모르

겠고 긴 글을 쓰자니 머리가 아파 도망치고 싶어집니다. 그런데 칭찬, 관심, 사랑은 받고 싶으니 다시 코난이나 김전일의 사건 하나를 교묘하게 카피해 소설로 만든 뒤 "내가 쓴 추리소설이야!"라는 자랑을 하고, 착한 주변인들의 관심을 얻어서 또 사나흘 모호한 기분 좋음에 중독되겠지요.

'자기계발'이라는 분야에서 자칫 잘못하면 위와 같은 상황에 빠집니다. 심각성을 모르면 그 기간이 길어지고요. 기간이 정말 길어져서 돌이킬 수 없을 때는 스스로 속이는 삶을 살아갑니다.

망상과 현실이 맞붙으면 백이면 백, 현실이 승리합니다. 그래서 현실을 외면하고 순간적인 사람들의 호응을 유도해 낼 수 있는 것을 냉큼 고르죠. 그래야만 자기 결정이 틀리지 않았으며 결과적으로 반응을 끌어냈다는, 즉 옳은 선택이었다는 생각이 들 테니까요.

저는 망상과 실현의 경계는 '막연한 기대와 현실의 초점을 맞췄을 때, 그 프로세스가 최소한의 합리성이 있는가?'라고 생각합니다.

자신감이
자꾸 사라져요

　사람의 기분은 하루에도 수십 번 오락가락합니다. 그리고 상대적으로 정해진 형태가 없는 분야일수록 이 감정의 요동침이 극심합니다. 더 나아가 이 감정 기반으로 내 가치가 시시각각 다르게 느껴지지요.

　가령 병원에서 행정직으로 근무하는 제 친구는 매일의 기분이 다르다고 해도 작성하는 보고서의 가치가 크게 다르진 않습니다. 정해진 칸에 변동 사항을 입력하면 그뿐이니까요. 기분이 좋을 때 작성했다고 해서 이번 달의 수입이 크게 오를 리 없고, 기분이 꿀꿀할 때 적었다고 해서 월급이 적어지진 않겠지요.

반대로 조금 더 유동적인 직업, 예를 들어 인스타그램에서 인플루언서가 되어 광고를 받는 직업 혹은 인스타툰을 그리는 사람 등 창작활동을 하는 크리에이터라고 하면, 달라진 건 아무것도 없는데 갑자기 근거 없는 불안이 찾아올 수 있습니다.

불안이 찾아오면 벌어지는 상황에 대해 부정적인 해석을 하기 쉽습니다. 불안함을 억지로 잘 누르고 있었는데 오늘 업로드한 콘텐츠의 반응이 평소에 미치지 못하면 그것이 트리거가 되어 급격하게 우울해지고 억누르던 감정이 쏟아지듯 튀어나올 수 있는 거죠.

크리에이터의 경우 기분에 균열이 생기면 창작물에 영향을 미치곤 합니다. 생기를 잃고 자신감이 사라지며 그간의 활동이 초라하게 느껴져 앞으로의 활동을 부정적인 태도로 접근하게 됩니다. 혹은 반대로 '나는 잘 나가고 문제없어'라며 누가 묻지도 않았는데 과하게 어필하기 시작할지도 모르고요.

유동적인 직업은 실력도 중요하지만, 그 사람이 풍기는 분위기도 이에 못지않게 중요합니다. 그러므로 작은 감정의 균열은 평소와는 다른 결로 나타나 이질감을 자아낼 수 있어요. 이 별것 아닌 이질감 탓에 나를 좋아하던 팔로워나 구독자들이 떠나버린다거나 스스로 잘 못된 판단을 내리는 일도 비일비재하지요.

그렇기에 정해진 일을 그냥 하면 되는 직업과는 달리 나를 드러내고 생각, 관점, 경험 등을 이야기하는 이들이라면 자신감에 대해 조금은 더 심층적으로 접근해볼 필요가 있습니다.

왜 내 주변은
전부 성공한 사람들뿐일까

🏹

자기 생각과 관점, 경험 등을 이야기하는 직업군이나 지망생들은 '나는 왜 이렇게 예민하고 감정이 취약할까?'라는 생각을 많이 합니다. 당연해요. 왜냐하면 우리가 접하는 콘텐츠 대부분이 자신감 넘치는 성공, 성취 스토리로 가득하거든요.

이 부분에 대한 해석을 조금만 다르게 해보세요. 무슨 말이냐면요. 우리가 접하는 신화 같은 이야기들은 '그들 삶의 평균치'을 접하는 게 아니라 '그들의 고점' 순간만 모아놓았다는 것입니다.

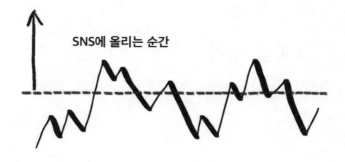

SNS에 올리는 순간

    '평균 올려치기'라는 단어를 들어봤나요? 동창회에는 돈 자랑하고 싶은 사람들이 모인다는 우스갯소리처럼 특정 유형만이 모일 수밖에 없는 곳에서 접하는 정보를 '일반적이다'라고 착각하면 안 됩니다.

    기분, 감정, 컨디션에 따라 나라는 사람의 가치(실질적인 매출이든 다른 이들이 내게 보이는 반응이든)가 변동된다면 보통의 사람들은 경직되기 마련이에요. 이 변동되는 가치에 대해 우리가 할 수 있는 실질적인 대응은 다음 장에서 알아보겠습니다.

예측-반응
실제값 구하기

"생각보다 반응이 없네요."라거나 "생각만큼 변화가 일어나지 않네요."라는 말을 하는 사람에게 질문을 던져보았습니다.

"그 생각에 해당하는 기준치가 어느 정도인가요?
어떤 수준의 반응-변화를 기대하셨나요?"

대답은 "모르겠어요. 생각해 본 적이 없는데요."인 경우가 많아요. 생각이란 단어가 참 흔하게 쓰이고 있습니다.

내 기준을
검증해 보자

'이 정도는 시간 안에 해낼 수 있겠지'라는 생각이 착각이었고 여태 스스로를 과대평가하고 있었다는 사실을 종종 마주합니다.

생각해 보면 어렸을 때부터 그랬어요. 이 정도 분량의 리포트는 두 시간이면 쓰겠다 싶어 미루고 또 미룹니다. 저 생각은 착각입니다. 두 시간 투자하면 두 시간을 투자해서 나올 수준의 리포트가 작성될 뿐입니다. 아예 마무리 못 하는 경우도 허다하지요.

다들 자신을 평가하는 각자의 기준이 존재합니다. 그리고 그 기준들은 과평가되어 있거나 반대로 저평가되어 있습니다. 이 기준에 대해 가볍게라도 검증해 볼수 있어야 합니다. 방금 이야기한 평균 두 시간 투자하면 나오는 아웃풋의 수준처럼요.

사실 이런 이야기는 많이 들어봤을 거예요. 그런데 저는 조금 다르게 접근하고 싶습니다. '내 예측치' 말고 '타인·상황·세상에 대한 예측치'에 대한 이야기에요. 무슨 말이냐면요. '세상이 내게 보일만한 리액션'이라는 주제에 대해 각자의 기준이 있어야 한다는 뜻입니다.

이런 기준이 없다면 결국 주입 당한 기준일 테고 그런 기준은 대부분 나를 힘들게 만들지요. 예를 들어 사진 한 장으로 큰돈을 벌었다거나 '○○식 공부법'으로 시험에 한 번에 합격했다는 이야기처럼요. 이전 글에서 말한 '타인의 고점' 순간일 뿐인데 이를 평균치로 이해하고 기준을 그처럼 잡아버립니다. 그러고는 세상이 자신을 알아주지 않는다고 자신에게 리액션을 해주지 않는다며 실망하고 자신감을 잃어버리는 거죠.

뭐야, 아무 일도
일어나지 않네

📌

먼저 세상에 대한 나의 예측치를 점검해 봅시다. 말은 대단해 보이지만 사실은 아주 간단합니다. 친구, 가족, 지인 상관 없이 카톡을 보내는 겁니다.

'이런 메시지를 남겼으니, 이러이러한 답이 올 거야'

라고 반응을 예상해 보세요. 이것이 다 예측치 점검이 거든요. 조금 더 나아가 커뮤니티에서 이를 실험할 수 도 있습니다. '이런 글을 쓰면 이런 댓글이 달리지 않을 까? 이런 식으로 사람들이 반응하지 않을까?' 등의 예 측을 해볼 수 있겠죠.

새롭게 무언가를 시작하는 사람들이 한순간에 포기 하거나 멈추는 순간이 바로 이때입니다.

"뭐야, 아무 일도 일어나지 않네?"

학생 시절에 즐겨 방문하던 네이버 카페가 있었습 니다. 별 시답잖은 각종 주제로 떠드는 커뮤니티형 카 페였는데요. 인생에는 별 도움이 안 되지만 재미는 있 었어요. 원래 인생에 도움이 안 되는 것들이 재미있잖 아요. 아무 생각 없이 스크롤을 내리며 시간을 보내곤 했습니다.

그러던 어느 날, 다들 제가 잘 아는 주제로 이야기를 나누고 있더라고요. 마음이 들떠서 이런저런 경험담을 구구절절 적었어요 글을 쓰면서 흐뭇했죠. '사람들이 놀라며 댓글을 엄청나게 달겠지?' 그런데 실제는 비아 냥대는 댓글 몇 개 달린 게 전부입니다.

나중에 보니 제 경험과 지식은 그들에 비하면 전혀 대단한 게 아니었어요. 집 앞 카페에서 커피 몇 잔 마셔보고 바리스타의 대화에 끼어든 꼴이었습니다. 냉랭한 반응에 기가 죽어 한동안 그 카페에 들어가지 않았었습니다.

이와 정반대 경험도 있습니다. 대학 시절 모 글쓰기 스터디에 참여했습니다. 독립영화 등을 보고 감상을 적은 글을 첨삭(사실 참견이지요)하는 모임이었는데요. 점수로 기록되는 것도 아니고 정답이 있는 것도 아니다 보니 저는 일반적으로 말하는 첨삭과는 조금 다른 관점으로 다른 이의 글에 참견했습니다.

다들 이론적으로(촬영 기법, 시나리오 작법 등), 시의적으로 작품을 해석할 때 저는 각자가 가진 전문성(전공, 준비하는 직업 등)을 바탕으로 해석할 수 있다는 가능성을 던졌지요. 반응이 좋을 것이라는 생각은 전혀 없었습니다. 솔직히 상관없었고요. 그런데 웬걸, 반응이 좋더라고요. 이때 환영받았던 경험 데이터를 기반으로 제 전작에서 '내 관점 기반의 스토리텔링'을 강조했는데요. 실은 독자들에게 '참신하다'라는 반응을 끌어낼 수

있겠다고 판단했던 것입니다. :)

예측-반응
데이터 쌓기

📌

이해가 되나요? 사실 이해가 되고 안 되고의 여부보다 적용이 더 중요합니다. 이틀 혹은 사흘, 아니 하루라도 좋습니다.

일상에서의 '예측-반응'의 실제 값을 기록해 보세요. 내가 무언가 행동할 때 나도 모르게 기대하는 예측치를 모호하지 않게 기록하는 겁니다. 앞서 설명한 나의 예상치와 세상의 실제 반응을 비교하라는 것과 비슷합니다(190쪽 참고). 이는 기대와 현실의 거리를 재는 데 도움이 됩니다.

어떤 사람의 행동에 대한 사람들의 반응을 예상하는 것도 하나의 방법입니다. 예를 들어 자신의 관심사가 있는 네이버 카페나 커뮤니티 등에서 게시글이 올라온 지 한 시간 이상 지난 글들이 모인 페이지로 가보세요. 그리고 조회수가 적힌 부분을 손으로 가리고 조회수를 추측해 보세요. 어떤 제목이 가장 많은 클릭을 유도했을지를 보는 거죠.

비슷한 연습법으로 게시글을 읽으며 댓글로 바로 넘어가지 않고 댓글의 내용을 떠올려보는 것도 있습니다. 이때 단순히 분위기만 예측하는 것이 아니라 정확한 댓글 워딩을 만들어 보세요. 이 연습법은 해당 카테고리에 대한 미묘한 뉘앙스를 익히는 데 도움을 줍니다.

정보성 글은 감사 인사 댓글이 많겠지 싶었는데 댓글이 별로 없다거나, 일상형 글은 뻔하니까 피로도가 있겠다고 생각했는데 많이들 공감한다거나 하는 나만의 기준이 조금씩 생깁니다. 물론 커뮤니티에서 반응은 무작위적이지요. 그날따라 해당 주제에 대해 호의적인 이들이 많이 모여있었을 수도 있고요.

일상에서 '예측-반응' 데이터를 쌓을 때도 당연히 랜덤적인 요소가 섞여 있습니다. 카톡을 보내봤던 친구가 그날따라 기분이 좋아서 흔쾌히 내 제안을 승낙했을 수도 있고 바쁜 날이라서 종일 카톡을 확인하지 못할 수도 있어요. 그럼에도 기준에 대한 검증 없이 일차원적으로만 반응하던 과거보단 나을 겁니다.

리스크를
분산하는
내적 계산법

제가 연재하는 뉴스레터 〈Moist Notes〉에서 한번 다뤘던 내용입니다. 당시에는 '리스크 분산 방식'으로 가볍게 소개했는데 따라 하는 구독자들이 많아서 책에서 꼭 자세하게 다뤄보고 싶었어요.

도전하지 않으면 아무 일도 일어나지 않는다.

다들 알고 있습니다. 하지만 무리한 도전으로 중요한 시기를 놓쳐버리면 꼬이는 일도 많다고 봐요. 그럼 어떻게 해야 할까요? 가능성은 작지만 내가 좋아하는 분야로 뛰어드는 것이 옳을까요? 아니면 보다 검증된 안전한 선택지를 골라야 할까요? 전자를 고르자니 무섭고, 후자를 고르자니 의미가 없을까 봐 두렵습니다. 매일 새로운 기술이 나오고 트랜드가 바뀌는데 안전한 선택지는 더 이상 없어 보이기도 하고요. 이 둘을 엮어 보면 어떨까요? 반반 메뉴를 골라보는 것처럼요.

내적 계산을 위한
두 가지 기준

제가 밟아온 길을 돌아보면, 저는 매번 두 가지 기준을 고려하는 것 같습니다. 체크리스트를 만들어서 꼼꼼하게 따져본다는 것은 아니고요. 자연스레 기준이 충족되는지 검토하더라고요.

기준 하나는 자신감이 일정 수준 이상 차오르는지에 대한 것이고요. 다른 기준 하나는 이 선택이 주는 이미지가 특별한지에 관한 것입니다.

저는 스물세 살에 1인 출판사를 차려 각 대학의 문예 창작 동아리에 제안을 해본 적이 있습니다. 물론 책을 내보자는 제안이었지요. 어린 마음에 헛바람이 들어서 혼자 신났습니다. 그럴듯하잖아요. 출판사 대표.

문예 창작 동아리뿐만 아니라 자기 콘텐츠를 책으로 남기길 원할 만한 사람들에게 저를 알렸습니다. 이 사례를 위의 두 가지 기준 관점에서 해석해 봅시다.

첫째, 저는 이런 출판 제안이 쉽게 받아들여질 것이라는 자신이 있었고요. 둘째, '출판사 차리더니 재미있는 일을 많이 하고 다니네'라는 저에 대한 인식을 끌어낼 수 있을 것 같았습니다.

첫 번째에는 반응이 없더라도 두 번째 기준으로 이익이 되겠다는 확신도 있었지요. 여기서 '이익'은 꼭 돈을 의미하는 것이 아닙니다. 이 경험을 레버리지 삼아 다른 곳에 합류하거나 나를 어필하는 재료로 삼을 수 있겠다는 것이죠.

이렇게 '내적 계산'이 끝나자 저는 홀린 상태가 되었습니다. 다른 건 눈에 잘 안 들어옵니다. '아이패드 병'처럼요. 어느 날 갑자기 아이패드에 푹 빠져서 구입하기 전까지는 치료되지 않는 그런 병이요. 막상 구입 후에는 유튜브나 넷플릭스를 틀어놓는 용도 외에는 잘 쓰질 않지요(제 이야기입니다).

이와 좀 비슷합니다. 실제로 저 당시의 출판사 운영으로 이어진 인연이 많습니다. 박사 과정을 밟던 선배가 연락해서 '책 기획, 출판 프로세스, 마케팅 등의 과정을 요약해서 강의해 줘'라고 요청해서 책 출판 프로세스 강의를 대학원생(그래봤자 옆옆 건물) 앞에서 덜덜 떨면서 했던 기억도 납니다. 찾아보면 사진도 있을 거예요. 왼손에는 음료수병을 들고 오른손에는 보드마카 펜을 들고 불안정한 시선 처리가 느껴지는 그런 사진이었어요. 아마도.

심리적 리스크를
분산하는 방식

📌

하여튼 '리스크 분산 방식'에서 강조하고 싶은 것은 앞서 말한 두 가지 기준입니다.

◆ 자신감이 일정 수준 이상 차오르는가.
◆ 선택이 주는 이미지가 특별한가.

첫 번째가 실패하더라도 두 번째가 있으니 손해는 보지 않습니다. 제가 무언가에 홀렸던 경험은 대부분 위의 두 가지 조건을 모두 충족했을 때였어요. 그리고 그때는 누가 말려도 끝까지 가보았습니다. 여기서 '끝까지'의 의미는 컨트롤할 수 있는 영역의 마지막까지 도달한다는 것입니다.

몇 년 전 저는 아마존의 영어 전자책 등록에 꽂혔어요. 실제로 제 다른 필명으로 쓴 '이완-학습법' 서적이 아마존에 전자책으로 등록되어 있습니다.

당시 상황을 앞서 언급한 두 기준으로 생각해 본다면 '책 번역→전자책 파일 제작→아마존 업로드→책 판매'할 수 있도록 마케팅 프로세스 판짜기까지 모두 마칠 자신감이 있었습니다. 물론 그 뒤에 나의 컨트롤 범주 밖의 일, 즉 사람들이 내 의도대로 척척 구입하는가, 좋은 평가를 남겨주는가 등에 대한 것은 크게 집착하지 않았습니다.

사실 반응이 없어도 됩니다. 첫 번째가 실패하더라도 두 번째 포지셔닝이 있으니까요. 실제로는 은근히 반응이 괜찮았지만, 세상의 리액션이 없었어도 저는 괜찮았을 거예요. 감당할 수 있다는 생각에 뛰어든 거니까요.

성과가 엄청나지
않아도 괜찮아

🏹

'앱을 만들어야겠다', '전자책을 내야겠다', '인터뷰 채널을 운영해야겠다' 실제 제가 밟아온 루트인데요. 이렇게 하다 보면 몇몇 분야는 얻어걸릴 수 있다고 생각해요. 얻어걸리지 않아도 두 번째 기준 덕분에 오히려 삶에 다채로움이 더해지곤 했습니다.

요즘은 해외 뉴스레터 모델에 푹 빠져있습니다. 뉴스레터를 작성해서 돈을 벌어야겠다는 생각도 있지만 해외의 니치한 분야에 존재하는 다양한 수익형 뉴스레터를 보며 영감을 얻고 있습니다. 이를 연구하느라 시간 가는 줄 모르고 있어요.

알고 있습니다. 확률이 매우 낮지요. 계란으로 바위치는 걸지도 몰라요. 하지만 뉴스레터를 성공적으로 운영하지 못한다거나 자리를 잡지 못해도 상관없습니다. 어차피 이 분야는 극히 마이너해서 대중적이지 못하니까요. 다만 이 분야의 국내 전문가나 성공 사례가 거의 없으니 제 낑낑댐의 기록이 누군가에게는 절실하게 필요한 데이터가 되어 새로운 시장을 개척할 수 있을지도 모릅니다.

이 책을 읽으면서 느꼈겠지만, 저는 메이저와는 거리가 멉니다. 구석진 곳에서 혼자 단팥빵 뜯어 먹는 그런 분위기예요. 그렇기에 새로운 무언가를 시작할 때 '이 분야에서 무조건 성공한다'는 마인드보다는 '잘 되고 안 되고는 내 욕심만으로 만들 수 있는 건 아니야. 노력은 할 테지만 기대하던 성과가 나지 않더라도 경험 자체가 유니크한 전문성을 더해 주지 않을까?'라는 판단을 내립니다.

삶의 난이도,
세상에 대한 태도

대화를 조금만 해 봐도 세상을 대하는 그 사람의 태도를 느낄 수 있습니다. 그리고 저는 이 태도가 삶의 난이도를 결정짓는다고 믿어 의심치 않습니다.

"생활 수준은 결국 부모의 재력이 결정해." 혹은 "타고난 잘난 외모가 결정해."라고 단정 지으며 세상에 적개심을 보이는 사람은 그들의 세계관에서는 저 기준이 유일한 진실이기에 나오는 반응이겠지요.

자신의 일과 일상에 만족하고 그 만족감을 '나답게' 표현하는 방식을 알고 있다면 [조금 과장해서] 그 어떤 마케팅도 필요 없습니다. 당신이 건강하게 취해있는 분위기가 주변인들을 강하게 유혹할 거예요. 당신의 사고방식, 당신이 선택한 물건, 당신의 가치관, 당신이 쫓아본 방향, 루틴, 일상에 관심이 몰리기 시작합니다. 그들도 당신이 느끼는 깊은 만족감의 편린을 느껴보고 싶을 테니까요.

문제는 몇몇 사람들이 어설프게 흉내만 낸다는 것이고 역효과가 난다는 것입니다. 허세 부리는 친구를 보는 느낌이에요.

어설픈 흉내를 내는 이들은 세상에 본인의 가치를 증명하고 있다고 믿고 있지만 실제로는 스스로를 더욱 고립시킵니다. 본인만 모르는 거죠.

이런 방향으로 살면 본인처럼 어설픈 흉내를 내는 이들만 주변에 꼬입니다. 얼굴은 웃지만 속은 답답함으로 가득한 삶을 살게 될 거예요. 마치 착한 사람 포지션을 생존전략으로 삼는 것과 비슷합니다.

진정으로 즐기는 순간의 대척점은 무엇도 즐기지 못하는 것이 아니라 '억지 기버'일지도 모릅니다.

어느 커뮤니티에서 '착함'을 자기 이미지로 포지셔닝한 분이 있었어요. 항상 먼저 와서 모임 준비를 하고 뒷정리까지 도맡아서 하셨죠. 모임 내 멤버들을 한 명한 명 챙겨가며 선한 이미지를 쌓아갔습니다.

그런데 그 모임에서 인정받지 못했다고 느꼈는지 계속해서 더욱 봉사하는 이미지를 굳혀갔습니다. 말 그대로 억지 기버지요. 당연히 크게 달라지는 것은 없었을 테고, 결국 그는 울분에 차서 술을 잔뜩 먹고 큰 실수를 했다는 이야기입니다. '내가 얼마나 헌신했는데!'라는 메시지가 주된 내용이지요.

비즈니스에서 '기버(giver)' 포지션을 전략으로 삼았다면 저러한 울분이 쌓이고 있는지를 꼭 체크해야 합니다. 물론 베풀고 나누는 것 자체를 좋아하는 사람도 많습니다. 그렇다면 상관없지만 마땅한 대우를 받기 위해 그에 따른 태도를 보인다는 생존전략으로써의 기버 포지션이라면 다시 생각해 보세요. 정신적인 자해를 하는 걸지도 모릅니다.

본인의 기대가 과연 현실성이 있는지 고민해 보세요. 이 글을 읽고 독자를 어린아이로 아는 거냐고 할 수도 있는데요. 그렇게 생각하면 다행입니다. 가끔 현실 감각을 잃은 경우가 있어요. 그들을 위한 글이라고 보면 좋겠습니다.

　정리하자면 '이렇게 하면 나를 좋아해 주겠지?', '이러면 다들 내게 의지하고 기대겠지?'라는 사고방식은 잘못된 결과를 불러온다는 것입니다.

끝내며

망상에 빠지지 말라는 메시지를 수없이 반복했는데,
정작 이 책이 나오기 위해 '망상에 빠져있던 시간'이 필
요했습니다. 이 세상에는 쓸모없는 경험은 없고 일상
의 모든 순간을 재료로 삼을 수 있다고 생각하니까요.

이 책에 저는 이 세상 어딘가엔 궁극의 자기계발 방
법이 존재하고 그 방법만 익히면 효율적인 삶을 살 수
있다는 이런저런 자기계발 방법들을 조사하고 스스로
실험하며 내린 나름의 결론을 담아 보았습니다. 이 책
에서 말하는 방법 또한 당연히 정답일 리 없어요. 다만

적어도 제겐 답이 되었기에 누군가에게는 도움이 될 수 있다는 생각에 책으로 엮었습니다. 전체가 마음에 쏙 들진 않더라도 어느 하나 정도는 따라 할 수 있기를 바라는 마음에서요.

저는 심신이 차분하게 안정되었을 때 후회하지 않을 선택을 하더라고요. 그렇지 못한 상황에서는 후회할 만한 선택지를 향해 달려가고요. 이는 의지로 되는 문제가 아니에요. 다리에 쥐가 난 상태인데 의지를 발휘한다고 해서 최고의 경쟁자들을 이길 수 있을까요?

그간 제가 살아오면서 돌이키고 싶은, 부정하고 싶고 사과하고 싶은 수많은 사건은 이런 차분함이 깨진 상황과 유관했어요. 그렇기에 책의 앞부분에 '신체의 이완'을 조금 길게 이야기했습니다.

아웃풋을 내는 과정에서 느껴지는 몸의 반응을 바꾸는 방법을 알았다면, 책 후반부의 관점을 하나씩 적용해 보세요. 막힌 기분이 들 때, 내가 옳은 방향으로 나아가고 있는지에 대한 불안함이 엄습할 때, 아무 페이지나 적당히 열어봐도 좋을 만한 내용으로 채우려고 노력했습니다. 읽어주셔서 감사해요.

촉촉한마케터(조한솔)